달달 읽고 곰곰 생각하는

달곰한
LITERACY

Reading

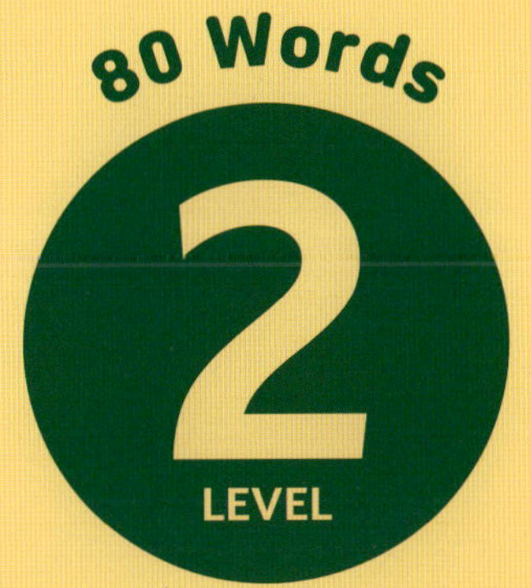

80 Words

2

LEVEL

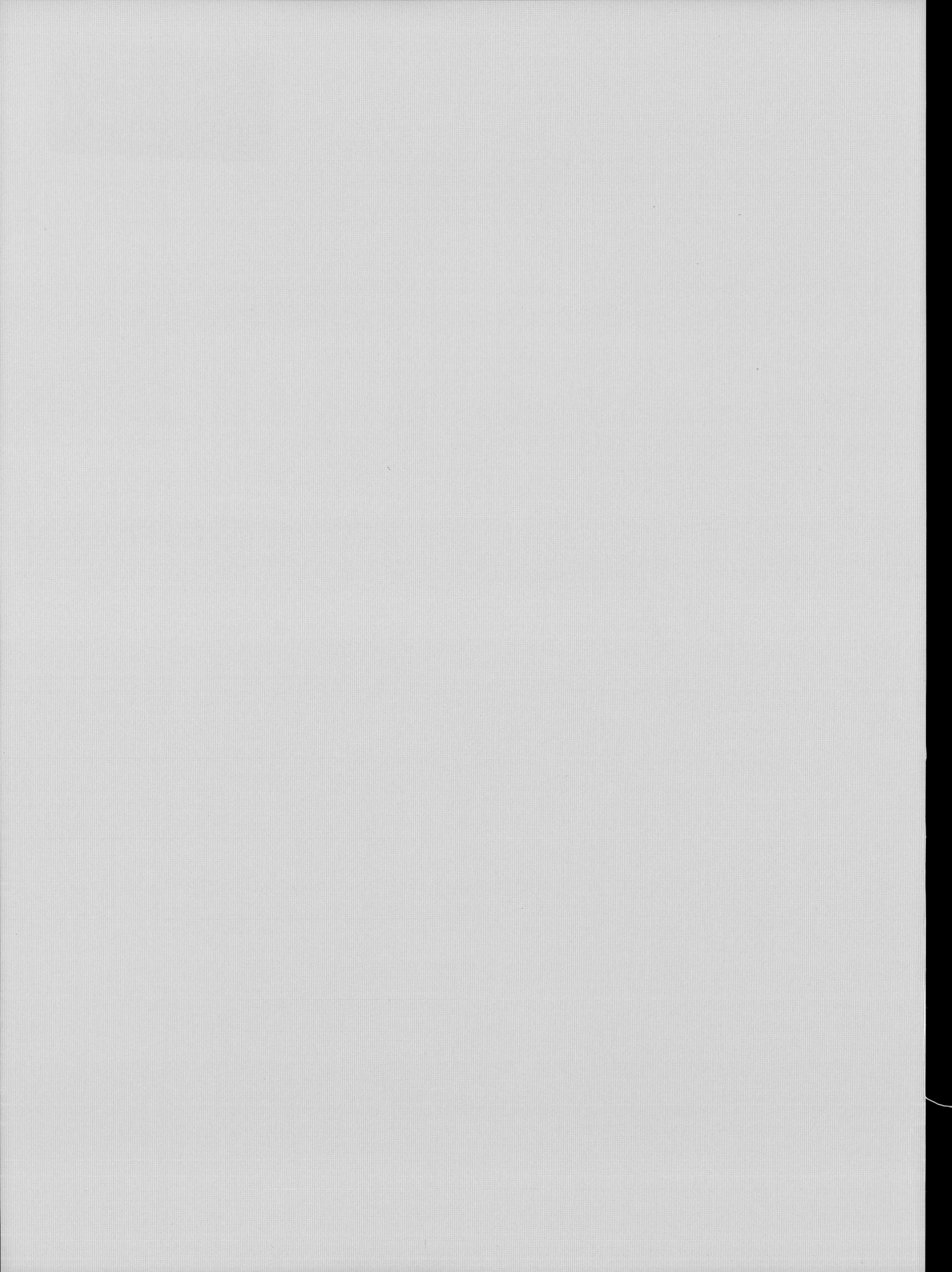

달곰한 LITERACY Reading 을 소개합니다.

<달곰한 LITERACY Reading> 시리즈는 **영어 문해력**을 키우기 위해 특별히 설계된 독해 전문서입니다. 독해 교재를 여러 권 풀었는데 독해력도, 문해력도 향상되지 않았던 경험이 있으신가요? 그렇다면 이 교재가 여러분을 위한 해결책이 될 것입니다.

3회독 학습법으로 **읽고, 생각하고, 써 보세요.**
달달 읽고 곰곰 생각하는 힘! 이제 **<달곰한 LITERACY Reading>**으로 길러 보세요!

60-70 Words
200L-400L

70-80 Words
200L-400L

80-90 Words
300L-500L

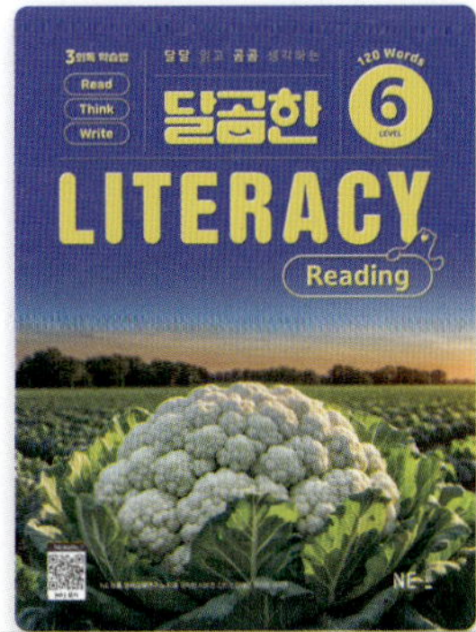

90-100 Words
300L-500L

100-110 Words
400L-600L

110-120 Words
400L-600L

달곰한 LITERACY

Reading

영어 독해력, 이대로 괜찮을까요?

독해력과 문해력, 뭐가 다른가요?

독해력

텍스트의 표면적 의미, 기본 정보 이해

문해력

● **텍스트의 심층적 의미 이해**
- 저자의 의도 파악
- 감정 및 맥락 이해
- 글의 구조 분석
- 정보 평가

● **의사 소통 능력 발달**(말하기 및 쓰기 포함)

영어 문해력, 왜 중요한가요?

학습 능력 향상

영어 자료를 더 잘 이해하고 교과서 및 시험 문제를 효과적으로 풀 수 있어 중고등학교 학업 성과를 높일 수 있습니다.

비판적 사고와 문제 해결력 강화

텍스트를 평가하며 비판적으로 사고하는 능력과 정보를 분석하고 문제를 논리적으로 해결하는 능력을 키울 수 있습니다.

창의적 표현과 의사 소통 능력 증진

창의적인 사고와 명확한 의사 표현이 가능해지며, 다양한 사람과 효과적으로 소통할 수 있는 능력을 키울 수 있습니다.

달곰한 LITERACY만의 3회독 학습법이란?

동일한 글을 세 번 반복해서 읽으면서 깊이 있는 이해를 촉진하는 단계별 학습 방법입니다.

달곰한 LITERACY만의 영어 문해력 특장점은?

- 읽기 전 **배경지식 쌓기** 활동을 통해 글의 이해를 높일 수 있어요.
- **가리키는 말의 의미** 파악하기 활동으로 글의 흐름을 알 수 있어요.
- 정답의 **단서 찾기** 활동으로 세부내용까지 정확하게 이해할 수 있어요.
- **문단별 중심 내용**과 텍스트 도식화 활동으로 글의 구조를 분석할 수 있어요.
- **요약하기** 활동으로 글의 중심 내용을 정리할 수 있어요.

구성 및 활용법

① 어휘 익히기

지문을 읽기 전에 QR코드를 통해 지문에 나올 주요 어휘의 원어민 발음을 듣고, 따라 말하며 쓰는 연습을 합니다.

② 배경지식 쌓기

지문과 관련된 유용한 배경지식을 통해 지문 이해를 위한 사전 지식을 쌓을 수 있습니다.

③ 지문 따라 읽기(섀도우 리딩)

원어민의 속도에 맞춰 지문을 읽는 훈련을 통해 읽기 유창성과 자신감을 향상시킬 수 있습니다.

섀도우 리딩 3단계 읽기 훈련법	1단계 한 문장씩 듣고 따라 읽기	2단계 전체 지문 듣고 천천히 따라 읽기	3단계 전체 지문 들으면서 동시에 읽기

④ 끊어 읽기

문장을 끊어서 차례대로 해석하는 직독직해 연습은 문장별 정확한 이해를 돕고, 영어 어순에 익숙해지도록 합니다.

⑤ 가리키는 말 찾기

대명사, 지시어, 그리고 비유적 표현이 가리키는 내용을 분석함으로써 문맥 속 내포된 의미를 파악할 수 있습니다.

⑥ 핵심 구문 익히기

지문에 사용된 주요 구문을 학습하여, 문장 구조를 이해하고 정확한 해석이 가능해집니다.

⑦ 문단 중심 내용 정리하기

문단 내 핵심어나 주제어, 그리고 중요한 구절을 파악하여, 문단별로 중심 내용을 정리할 수 있습니다.

⑧ 독해 문제 풀기

중심 내용, 내용 이해, 추론하기, 적용하기, 어휘 관계 및 표현으로 구성된 다양한 유형의 문제들을 풀어보며 문해력을 점검할 수 있습니다.

⑨ 요약하기

문단 중심 내용을 활용해 글 전체를 요약함으로써 지문 전체를 확실하게 이해할 수 있습니다.

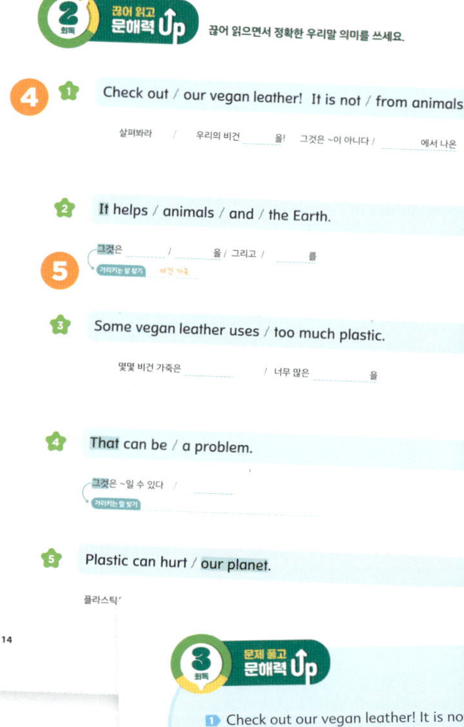

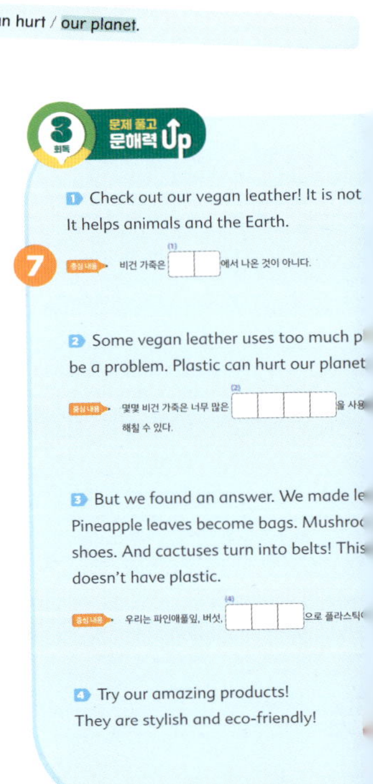

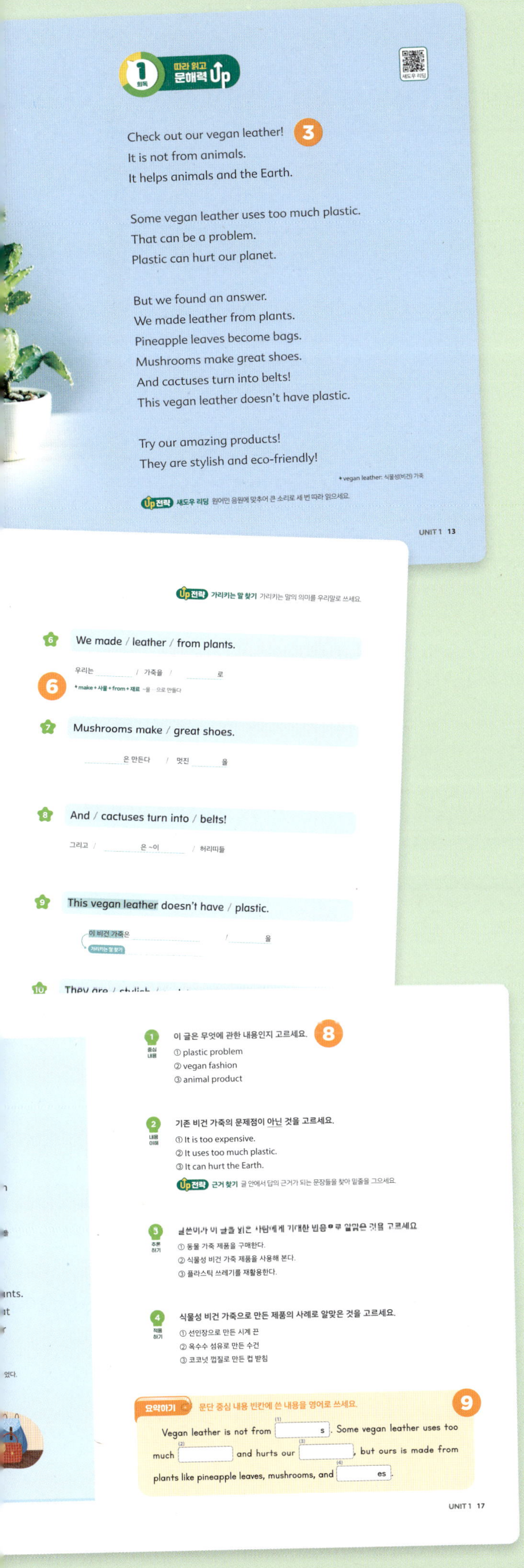

문해력 +Plus

각 Chapter의 마지막 페이지에서는 주제와 관련된
추가 어휘를 배우거나, 자신의 의견이나 경험을 표현
하는 활동을 통해 표현력을 기를 수 있습니다.

정답 및 해설

본문 해석, 문장별 직독직해, 정답의 이유를 설명하는
자세한 문제 해설로 구성되어 있습니다.

단어 암기장

단어 암기장과 온라인 단어장을 통해 지문에 나온
모든 어휘와 표현을 효과적으로 암기할 수 있습니다.

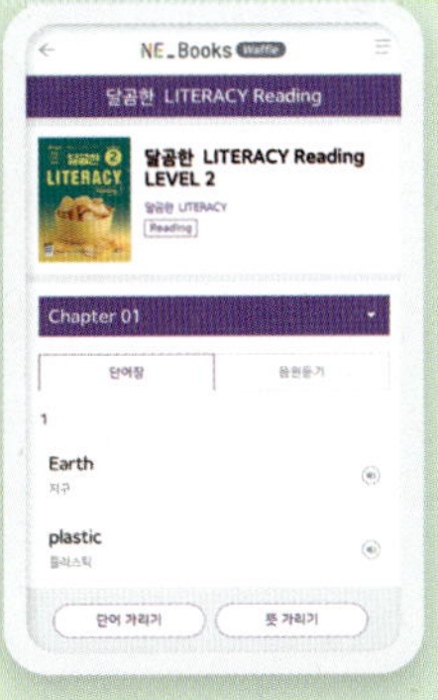

▲ 온라인 단어장(NE Waffle)

Workbook 이렇게 활용해 보세요!

Words

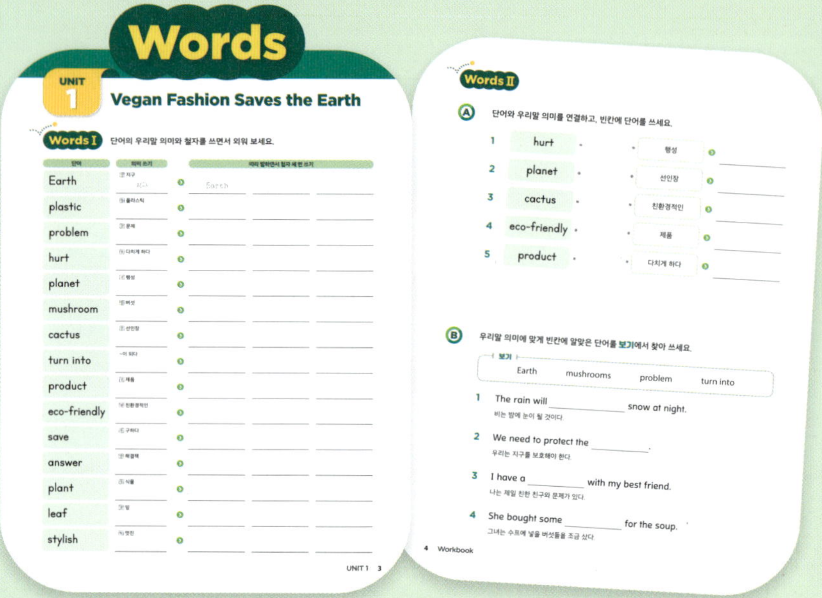

- 지문에 등장하는 주요 어휘와 추가 어휘 및 표현을 복습할 수 있습니다.

Sentences

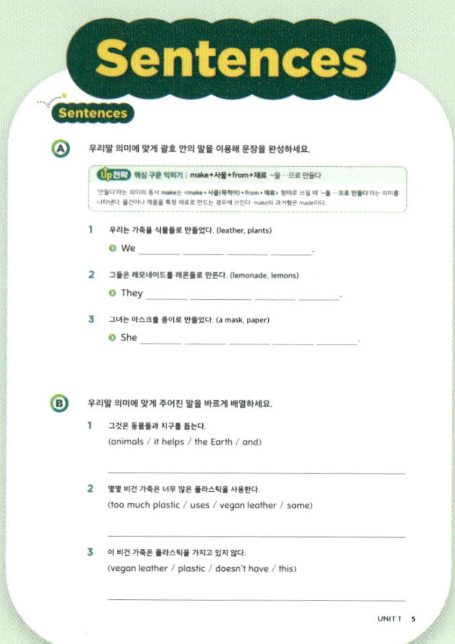

- 중등 내신 문제와 유사한 구문 확인 문제와 서술형 문제를 통해 영작 실력을 키울 수 있습니다.

Organizer

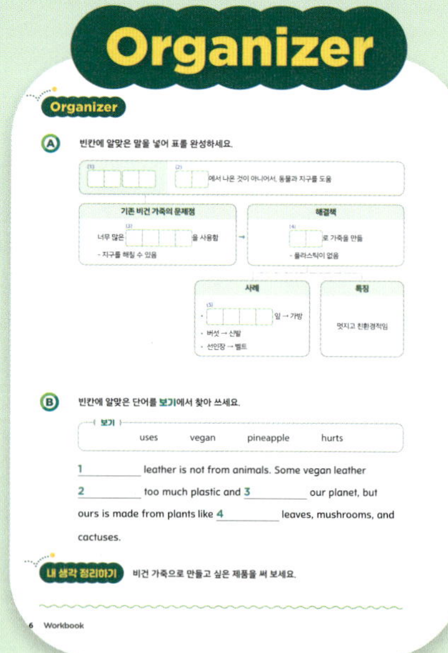

- Graphic Organizer 활동과 요약문 완성하기 추가 활동을 통해 전체 내용을 복습할 수 있습니다.

직독직해 워크시트

- 지문의 문장별 직독직해와 주어-동사 찾기 연습을 통해 각 문장을 완벽히 복습할 수 있습니다.

무료 부가 자료 | www.nebooks.co.kr

MP3(어휘, 지문)　　Word Test　　Mid/Final Test　　직독직해 Worksheet　　영작 Worksheet　　받아쓰기 Worksheet

# 많은 선생님들이 추천해 주셨어요!

감으로 찍기 이제 그만!

수업 중 원서형 교재로는 학생들의 이해도를 파악하기 어렵다는 점이 난관이었습니다. 그러나 이 교재는 영어 지문을 쉽게 이해할 수 있도록 구성되어 있어, 학생들이 얼마나 내용을 파악했는지 쉽게 확인할 수 있습니다. 이러한 독해 중심의 학습은 학생들이 더욱 효율적으로 공부할 수 있도록 돕는다는 점에서 큰 장점을 가지고 있습니다.

김남희 선생님 와글와글잉글리쉬캠퍼스

읽은 내용을 설명할 수 있게 해주는 책!

학생들이 영어 지문을 해석해도 중심 내용을 이해하지 못하는 경우가 많은데, 이는 문해력 문제로 때로는 한글로 보충 설명이 필요했습니다. 이 교재를 통해 직독직해와 요약 활동을 제공하여 학생들이 직접 내용을 설명할 수 있도록 유도하여 매우 유익했습니다. 또한, 별도 자료 준비 없이도 맞춤형 수업을 효과적으로 진행할 수 있습니다.

김숙진 선생님 지니영어

3회독 방식으로 문해력 올리기 추천!

한글로 문제가 제공되는 이 교재는 원서형 교재와 비교할 때 특히 유용합니다. 이는 학생들이 문제를 이해하지 못해 답을 틀리는 경우를 줄여주며, 단락별로 우리말로 정리하고 3회독 학습법으로 글을 깊이 있게 읽을 수 있도록 돕습니다. 이러한 점에서 적극 추천합니다.

박수경 선생님 더와이즈영어

초등부터 내신과 수능 준비 시작 가능!

중고등 내신과 수능 준비에는 정확한 해석 연습이 필수적입니다. 일부는 한국식 영어 학습을 비판할지 모르지만, 영어와 다른 어순을 직독직해로 익히면 리딩 속도와 독해 정확성이 향상됩니다. 이 교재의 학습법은 실력 향상과 대학 진학 목표 달성에 효과적이며, 학생들에게 큰 도움이 될 것입니다.

현명숙 선생님 링키영어

검토해주신 모든 선생님들께 진심으로 감사의 말씀을 드립니다.

김은희 선생님 베스트영어교습소
심수정 선생님 아이비리그영어학원
이재은 선생님 파머스영어와이즈톡학원
이덕희 선생님 맥스영어학원
이민지 선생님 마스터영어학원
유영이 선생님 정릉풍림윤선생영어교습소

이지혜 선생님 아비투스송쌤영어학원
이진선 선생님 올바른 영어
이현미 선생님 부영3단지영어교습소
이혜민 선생님 마하나임영수학원
정연주 선생님 통인어린이작은도서관

천예슬 선생님 그린트리영어교습소
천윤경 선생님 조세핀잉글리쉬
최정현 선생님 위캔영어교습소
현선주 선생님 스테핑스톤영어학원
홍지현 선생님 S영어

목차

1

1 ENVIRONMENT
선인장의 변신

2 ART
접시 위에 머리가?

3 FOOD
손님 덕분입니다!

Vegan Fashion Saves the Earth

읽기 전에 어휘 익히기
MP3
따라 말하면서 쓰세요.

Earth 지구

plastic 플라스틱

problem 문제

hurt 다치게 하다

planet 행성

mushroom 버섯

cactus 선인장

turn into ~이 되다

product 제품

eco-friendly 친환경적인

배경지식 쌓기

비건 패션(vegan fashion)은 가죽, 모피 등 동물성 소재를 배제하고, 동물 학대 없는 원재료로 만든 제품을 의미한다. 여기서 비건(vegan)은 어떤 동물성 재료도 섭취하거나 사용하지 않는 엄격한 채식주의자를 뜻한다.

Check out our vegan leather!
It is not from animals.
It helps animals and the Earth.

Some vegan leather uses too much plastic.
That can be a problem.
Plastic can hurt our planet.

But we found an answer.
We made leather from plants.
Pineapple leaves become bags.
Mushrooms make great shoes.
And cactuses turn into belts!
This vegan leather doesn't have plastic.

Try our amazing products!
They are stylish and eco-friendly!

＋ vegan leather: 식물성(비건) 가죽

 섀도우 리딩 원어민 음원에 맞추어 큰 소리로 세 번 따라 읽으세요.

끊어 읽으면서 정확한 우리말 의미를 쓰세요.

1 Check out / our vegan leather! It is not / from animals.

살펴봐라　/　우리의 비건 ＿＿＿＿을!　그것은 ~이 아니다 /　＿＿＿＿에서 나온

2 It helps / animals / and / the Earth.

그것은 ＿＿＿＿ / ＿＿＿＿을 / 그리고 / ＿＿＿＿를

가리키는 말 찾기　＿＿＿＿ 비건 가죽

3 Some vegan leather uses / too much plastic.

몇몇 비건 가죽은 ＿＿＿＿ / 너무 많은 ＿＿＿＿을

4 That can be / a problem.

그것은 ~일 수 있다　/　＿＿＿＿

가리키는 말 찾기

5 Plastic can hurt / our planet.

플라스틱은 ＿＿＿＿ / 우리의 행성을

가리키는 말 찾기

6 We made / leather / from plants.

우리는 __________ / 가죽을 / __________ 로

+ **make** + **사물** + **from** + **재료** ~을 …으로 만들다

7 Mushrooms make / great shoes.

__________ 은 만든다 / 멋진 __________ 을

8 And / cactuses turn into / belts!

그리고 / __________ 은 ~이 __________ / 허리띠들

9 This vegan leather doesn't have / plastic.

이 비건 가죽은 __________________ / __________ 을

가리키는 말 찾기 ······························

10 They are / stylish / and / eco-friendly!

그것들은 ~이다 / 멋진 / 그리고 / __________

1 Check out our vegan leather! It is not from animals.
It helps animals and the Earth.

중심 내용 ▶ 비건 가죽은 ⁽¹⁾□□ 에서 나온 것이 아니다.

2 Some vegan leather uses too much plastic. That can
be a problem. Plastic can hurt our planet.

중심 내용 ▶ 몇몇 비건 가죽은 너무 많은 ⁽²⁾□□□□ 을 사용하여 우리의 ⁽³⁾□□ 을
해칠 수 있다.

3 But we found an answer. We made leather from plants.
Pineapple leaves become bags. Mushrooms make great
shoes. And cactuses turn into belts! This vegan leather
doesn't have plastic.

중심 내용 ▶ 우리는 파인애플잎, 버섯, ⁽⁴⁾□□□ 으로 플라스틱이 없는 식물성 가죽을 만들었다.

4 Try our amazing products!
They are stylish and eco-friendly!

1 중심 내용

이 글은 무엇에 관한 내용인지 고르세요.

① plastic problem
② vegan fashion
③ animal product

2 내용 이해

기존 비건 가죽의 문제점이 <u>아닌</u> 것을 고르세요.

① It is too expensive.
② It uses too much plastic.
③ It can hurt the Earth.

Up 전략 **근거 찾기** 글 안에서 답의 근거가 되는 문장들을 찾아 밑줄을 그으세요.

3 추론 하기

글쓴이가 이 글을 읽은 사람에게 기대한 반응으로 알맞은 것을 고르세요.

① 동물 가죽 제품을 구매한다.
② 식물성 비건 가죽 제품을 사용해 본다.
③ 플라스틱 쓰레기를 재활용한다.

4 적용 하기

식물성 비건 가죽으로 만든 제품의 사례로 알맞은 것을 고르세요.

① 선인장으로 만든 시계 끈
② 옥수수 섬유로 만든 수건
③ 코코넛 껍질로 만든 컵 받침

요약하기 문단 중심 내용 빈칸에 쓴 내용을 영어로 쓰세요.

Vegan leather is not from _______(1)_______ s . Some vegan leather uses too much _____(2)_____ and hurts our _______(3)_______ , but ours is made from plants like pineapple leaves, mushrooms, and _______(4)_______ es .

Head on a Plate

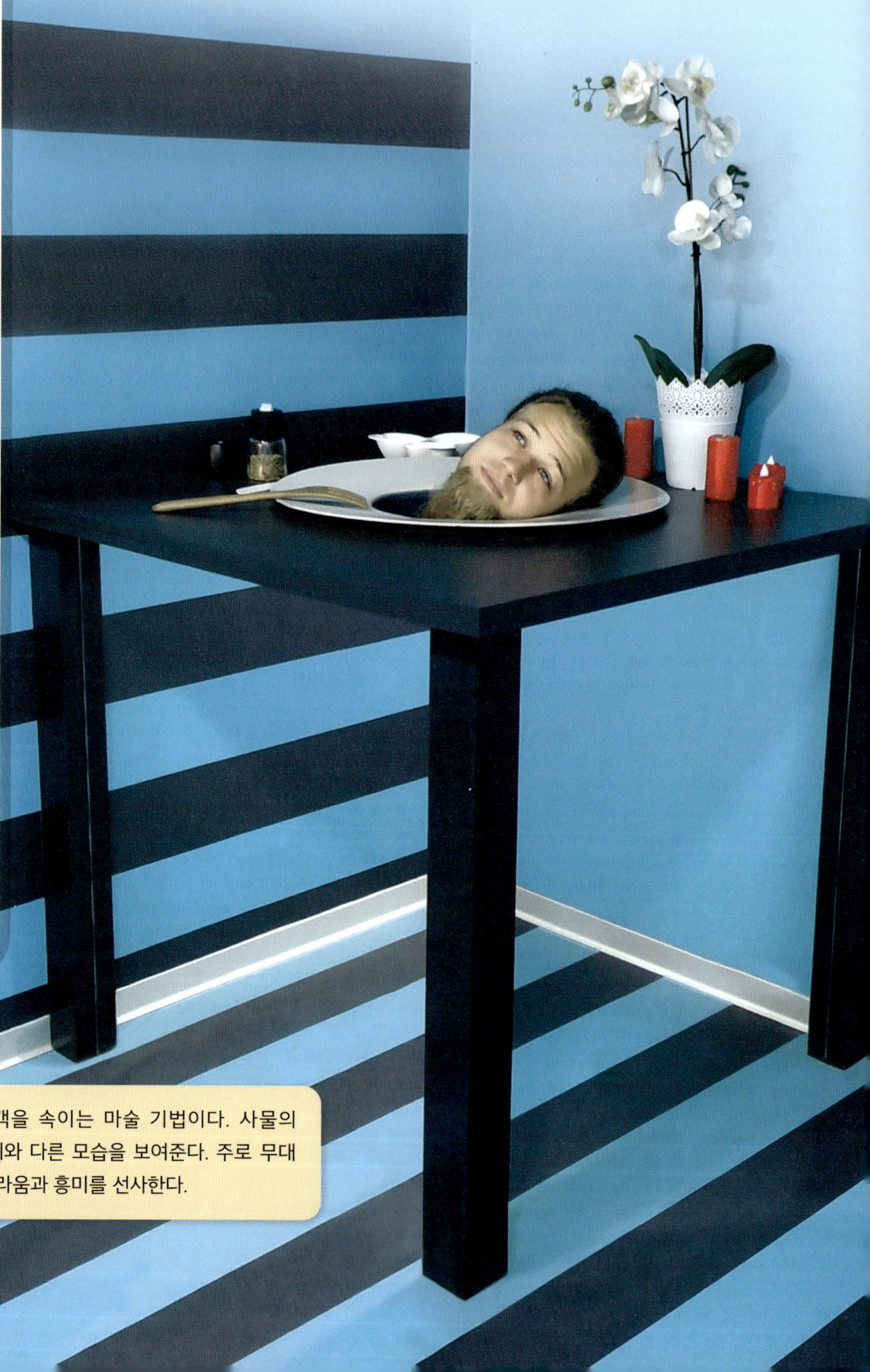

**읽기 전에
어휘 익히기**
따라 말하면서 쓰세요.

trick 묘기

plate 접시

scary 무서운

closely 자세히

mirror 거울

side 옆면

reflect 반사하다

area 부분

through ~을 통해

surprise 놀라게 하다

배경지식 쌓기

착시 마술은 시각적 착각을 이용해 관객을 속이는 마술 기법이다. 사물의 크기, 형태, 위치 등을 교묘히 조작해 실제와 다른 모습을 보여준다. 주로 무대 공연이나 영상에서 사용되며, 관객에게 놀라움과 흥미를 선사한다.

Hello, everyone!

Here's my magic trick.

It's a man's head on a plate.

Isn't it scary?

But look closely!

This table is special.

It has mirrors on the sides.

They reflect the area around them.

So you can't see under the table.

The man is just sitting under the table.

And he puts his head through a hole.

He is totally fine.

Try this fun trick and surprise your friends!

Up 전략 **섀도우 리딩** 원어민 음원에 맞추어 큰 소리로 세 번 따라 읽으세요.

끊어 읽으면서 정확한 우리말 의미를 쓰세요.

1 Here's / my magic trick.

이제 ~하겠습니다 / 나의 ____________ 를

✦ **here is** 이제 ~을 하겠습니다

2 It's / a man's head / on a plate.

그것은 ~이다 / ____________ / ________ 위에

3 But / look / closely! This table is / special.

그러나 / 봐라 / ________! 이 테이블은 ~이다 / ________

4 It has / mirrors / on the sides.

그것은 가지고 있다 / ________ 을 / ________ 에

가리키는 말 찾기 ....

5 They reflect / the area / around them.

그것들은 ____________ / ________ 을 / 그것들 주위에

가리키는 말 찾기 ....

6 So / you can't see / under the table.

________ / 너는 볼 수 없다 / ________ 아래를

7 The man is just sitting / under the table.

그 남자는 그저 ________ 뿐이다 / ________ 아래에

8 And / he puts / his head / through a hole.

그리고 / 그는 넣는다 / 그의 ________ 를 / 구멍을 ________

가리키는 말 찾기 ________________

9 He is / totally fine.

______ 는 ~이다 / ______ 괜찮은

10 Try / this fun trick / and / surprise / your friends!

해 봐라 / 이 재미있는 ______ 를 / 그리고 / __________ / 너의 ______ 을

1 Hello, everyone! Here's my magic trick. It's a man's head on a plate. Isn't it scary?

중심 내용 ▶ 접시 위에 남자의 머리가 있는 마술 [(1)◯◯]를 보여주겠다.

2 But look closely! This table is special. It has mirrors on the sides. They reflect the area around them. So you can't see under the table.

중심 내용 ▶ 테이블 옆면의 [(2)◯◯]들이 주변을 [(3)◯◯하여], 너는 테이블 아래를 볼 수 없다.

3 The man is just sitting under the table. And he puts his head through a hole. He is totally fine.

중심 내용 ▶ 그 남자는 테이블 아래에 앉아 [(4)◯◯]으로 머리를 넣고 있다.

4 Try this fun trick and surprise your friends!

1
중심
내용

이 글은 무엇에 관한 내용인지 고르세요.

① a scary story
② a magician's mistake
③ a fun magic trick

2
내용
이해

이 글의 내용과 일치하면 T, 일치하지 않으면 F를 쓰세요.

(1) The table has nothing special. ____________

(2) The man is lying on the table. ____________

Up전략 **근거 찾기** 글 안에서 답의 근거가 되는 문장들을 찾아 밑줄을 그으세요.

3
추론
하기

이 글을 읽고 추측할 수 있는 내용을 고르세요.

① 접시 위에 있는 남자의 머리는 실제 머리가 아니다.
② 이 마술 묘기는 거울을 사용하여 착시를 일으킨다.
③ 이 마술 묘기는 매우 위험한 특수 효과를 사용한다.

4
적용
하기

이 마술의 효과를 높이기 위한 방법을 알맞게 설명한 친구를 고르세요.

요약하기 **문단 중심 내용 빈칸에 쓴 내용을 영어로 쓰세요.**

Here's a magic <u>___(1)___</u>: a man's head on a plate! The table has
<u>___(2)___</u> s to <u>___(3)___</u> around the table. The man sits under the
table and puts his head through a <u>___(4)___</u>.

Potato Chip Surprise

**읽기 전에
어휘 익히기**
따라 말하면서 쓰세요.

restaurant 식당

skilled 숙련된

rude 무례한

order 주문하다

complain 불평하다

send 보내다

lesson 교훈

slice (얇게) 썰다

thinly 얇게

crispy 바삭바삭한

배경지식 쌓기

1800년대 중반, 감자튀김(fried potatoes)은 미국에서 인기 있는 음식이었다.
당시의 감자튀김은 오늘날의 프렌치프라이(French fries)와는 달리, 감자를
두껍게 썰어 기름에 튀긴 후 포크로 찍어 먹는 형태로 제공되었다.

In New York, there was a restaurant.

George Crum was a skilled cook there.

One day, a rude man ordered fried potatoes.

He complained, "Too thick! Too soft!"

He sent them back.

Crum was angry.

He wanted to teach the man a lesson.

He sliced the potatoes very thinly.

He made them very crispy.

He put a lot of salt on them.

What a surprise!

The man loved them. He wanted more!

So, Crum made the first potato chips.

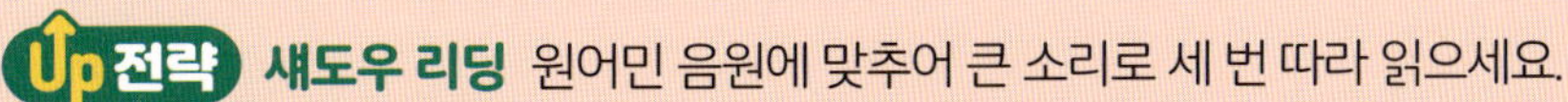

Up 전략 **섀도우 리딩** 원어민 음원에 맞추어 큰 소리로 세 번 따라 읽으세요.

끊어 읽으면서 정확한 우리말 의미를 쓰세요.

1 In New York, / there was / a restaurant.

_______ / ~가 있었다 / 한 _______

2 George Crum was / a skilled cook / there.

조지 크럼은 ~이었다 / ____________ / 그곳에서

가리키는 말 찾기

3 One day, / a rude man ordered / fried potatoes.

어느 날 / 한 ______ 남자는 / _______ 을

4 He complained, / "Too thick! Too soft!"

그는 _______ / 너무 두꺼워! 너무 _______!

5 Crum wanted / to teach / the man / a lesson.

크럼은 원했다 / 가르치는 것을 / 그 남자에게 / ______ 을

가리키는 말 찾기

teach + 사람 + a lesson ~에게 교훈을 주다

6 He sliced / the potatoes / very thinly.

그는 ________ / 감자들을 / 아주 ________

7 He made / them / very crispy.

그는 ________ / 그것들을 / 아주 ________ 하게
└ 가리키는 말 찾기 ....

8 He put / a lot of salt / on them.

그는 뿌렸다 / 많은 ________ 을 / 그것들 ________

9 The man loved / them. He wanted / more!

그 남자는 아주 ________ / 그것들을. 그는 ________ / 더 많은 양을
└ 가리키는 말 찾기 ....

10 So, / Crum made / the first potato chips.

그래서 / 크럼은 ________ / 최초의 ________ 을

1 In New York, there was a restaurant. George Crum was a skilled cook there.

중심 내용 ▶ 조지 크럼은 뉴욕의 한 [(1)]에서 요리사로 일하고 있었다.

2 One day, a rude man ordered fried potatoes. He complained, "Too thick! Too soft!" He sent them back.

중심 내용 ▶ 한 남자가 감자튀김이 너무 두껍고 부드럽다며 [(2) | 했 | 다].

3 Crum was angry. <u>He wanted to teach the man a lesson.</u> He sliced the potatoes very thinly. He made them very crispy. He put a lot of salt on them.

중심 내용 ▶ 크럼은 화가 나서, 감자를 아주 얇게 썰어 튀기고, [(3)]을 많이 뿌려서 제공했다.

4 What a surprise! The man loved them. He wanted more! So, Crum made the first potato chips.

중심 내용 ▶ 그 남자는 크럼의 요리를 매우 좋아했고, 그렇게 최초의 [(4)]이 만들어졌다.

1 중심 내용

이 글은 무엇에 관한 내용인지 고르세요.

① George Crum's job
② a French fries recipe
③ the first potato chips

2 내용 이해

이 글의 내용과 일치하는 것을 고르세요.

① 손님은 감자튀김이 너무 두껍고 딱딱하다며 돌려보냈다.
② 조지 크럼은 화가 나서 감자를 아주 얇게 썰었다.
③ 조지 크럼은 감자 대신 새로운 재료를 튀겼다.

Up전략 **근거 찾기** 글 안에서 답의 근거가 되는 문장들을 찾아 밑줄을 그으세요.

3 추론 하기

글의 밑줄 친 부분을 보고, 크럼이 손님에게 기대한 반응이 <u>아닌</u> 것을 고르세요.

① 손님이 음식을 못 먹고 떠날 것이다.
② 손님이 음식이 너무 바삭하고 짜다며 화낼 것이다.
③ 손님이 음식을 맛있게 먹고 만족해할 것이다.

4 어휘 표현

이 글에 나타난 손님의 기분 변화로 알맞은 것을 고르세요.

① angry → pleased
② happy → confused
③ surprised → bored

요약하기 문단 중심 내용 빈칸에 쓴 내용을 영어로 쓰세요.

George Crum was a cook in a New York ___(1)___ . One day, a man ___(2)___ ed about fried potatoes. Crum sliced them thinly and added ___(3)___ . It was the first ___(4)___ s .

바사바삭! 아삭아삭! 영어로는?

식감에 관한 다양한 영어 표현을 알아보아요.

CHAPTER

2

4 TECHNOLOGY
변장 로봇 잠복근무 중

5 MYTH
옛날 옛적에 제주에~

6 SOCIETY
어이쿠, 잘못 눌렀네!

A Baby Penguin Robot

읽기 전에
어휘 익히기
MP3
따라 말하면서 쓰세요.

sometimes 때때로

cause 일으키다

stressed 스트레스를 받는

thankfully 고맙게도

solution 해결책

dress 옷을 입히다

scared 무서워하는

anymore 더 이상

in fact 사실은

safely 안전하게

배경지식 쌓기

기존의 남극 연구들은 위성 자료를 통해 해수면 온도와 얼음 덮임 정도를 파악할 수 있었지만, 지상 상황을 알아보는 데는 한계가 있었다. 최근에는 드론과 로봇을 활용하여 사람이 접근하기 어려운 지역을 연구하려는 시도가 이루어지고 있다.

Don't worry, penguins!
The robots are here to help!

Scientists use robots to study penguins in Antarctica.
But sometimes, the robots can cause problems.
Robots don't look like animals.
So penguins can feel stressed around them.

Thankfully, the scientists found a solution.
They dressed a robot like a baby penguin!

The penguins aren't scared of it anymore.
In fact, some penguins sing to it!
Now, the scientists can study the penguins safely.

＋ Antarctica: 남극

Up 전략 **섀도우 리딩** 원어민 음원에 맞추어 큰 소리로 세 번 따라 읽으세요.

끊어 읽으면서 정확한 우리말 의미를 쓰세요.

1 Don't worry, / penguins! The robots are / here / to help!

_______________ / 펭귄들아!　　　　　_______ 은 있다 / 여기에 / _______ 위해

✛ **부사처럼 쓰이는 to부정사** ~하기 위해

2 Scientists use / robots / to study / penguins / in Antarctica.

_______________ 은 이용한다 / 로봇들을 / _______ 위해 / _______ 을 / 남극에서

3 But / sometimes, / the robots can cause / problems.

그러나 / _______ / 로봇들은 _______ / _______ 을

4 Robots don't look / like animals.

로봇들은 _______ / _______ 처럼

5 So / penguins can feel / stressed / around them.

그래서 / 펭귄들은 _______ / _______ 받게 / 그것들 주위에

6 Thankfully, / the scientists found / a solution.

________ / 과학자들은 찾았다 / ________을

7 They dressed / a robot / like a baby penguin!

그들은 ________ / 로봇에게 / ________처럼

가리키는 말 찾기 ....

8 The penguins aren't / scared / of it / anymore.

펭귄들은 ~이 아니다 / ________ / 그것을 / ________

가리키는 말 찾기

9 In fact, / some penguins sing / to it!

________ / 몇몇 펭귄들은 ________ / 그것에게

10 Now, / the scientists can study / the penguins / safely.

이제 / 과학자들은 ________ / 펭귄들을 / ________

1 Don't worry, penguins! The robots are here to help!

2 Scientists use robots to study penguins in Antarctica. But sometimes, the robots can cause problems. Robots don't look like animals. So penguins can feel stressed around them.

중심 내용 ▶ 펭귄 연구용 **(1)** ◻◻ 은 **(2)** ◻◻ 처럼 보이지 않아 펭귄들에게 스트레스를 준다.

3 Thankfully, the scientists found a solution. They dressed a robot like a baby penguin!

중심 내용 ▶ 과학자들이 찾은 **(3)** ◻◻◻ 은 로봇에게 새끼 펭귄처럼 옷을 입히는 것이다.

4 The penguins aren't scared of it anymore. <u>In fact, some penguins sing to it!</u> Now, the scientists can study the penguins safely.

중심 내용 ▶ 이제 과학자들은 펭귄들을 **(4)** ◻◻ 하 게 연구할 수 있다.

1 중심 내용

이 글은 무엇에 관한 내용인지 고르세요.

① who plays with baby penguins
② how scientists study penguins
③ why scientists go to Antarctica

2 내용 이해

기존 펭귄 연구용 로봇의 문제점을 고르세요.

① They are big and slow.
② They cannot move.
③ They don't look like animals.

Up 전략 **근거 찾기** 글 안에서 답의 근거가 되는 문장들을 찾아 밑줄을 그으세요.

3 추론 하기

글의 밑줄 친 부분을 보고, 추측할 수 있는 내용을 고르세요.

① 펭귄들이 로봇을 친근하게 느낀다.
② 펭귄들이 로봇을 먹이로 여긴다.
③ 펭귄들이 로봇을 무섭게 여겨 쫓으려고 한다.

4 적용 하기

다음 **보기**를 읽고, 이 글에서 설명한 해결책과의 공통점을 고르세요.

┤ **보기** ├

최근 과학자들은 죽은 새를 박제하여 드론을 만드는 연구를 진행하고 있다. 이러한 드론은 새의 형태를 하고 있어, 주변의 새들을 놀라게 하지 않고 자연스럽게 접근할 수 있다.

① 동물들을 최대한 멀리서 관찰한다.
② 드론이나 로봇을 동물처럼 보이게 만든다.
③ 드론이나 로봇을 더 빠르게 움직이게 만든다.

요약하기 문단 중심 내용 빈칸에 쓴 내용을 영어로 쓰세요.

Scientists use ______(1)______ s to study penguins, but robots don't look like ______(2)______ s. Scientists found a ______(3)______ by dressing the robots to look like baby penguins. Now, they can study penguins ______(4)______ .

The Giant Grandma of Jeju

**읽기 전에
어휘 익히기**
따라 말하면서 쓰세요.

giant 거인

live 살다

wear 입고 있다

clothes 옷

bridge 다리

mainland 본토

silk 비단

upset 속상한

stay (계속) 남다

island 섬

배경지식 쌓기

설문대할망은 제주도의 전설적인 여신으로, 거대한 몸집으로 한라산의
흙과 돌을 퍼 나르며 섬을 만든 것으로 전해진다. 이 설화는 제주도의
독특한 지형과 문화를 설명해 준다.

Once, a giant grandma, "Seolmundae," lived in Jeju.
She was too big to wear clothes.

One day, the grandma told the people,
"Make me big clothes.
Then I'll build a bridge to the mainland."

The people worked hard.
They needed 100 big rolls of silk.
Oh no! They only found 99.
That wasn't enough for her clothes.

Seolmundae felt sad and upset.
She didn't build the bridge.
And so, Jeju stayed an island.

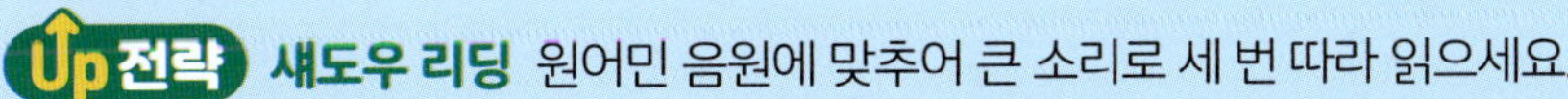

끊어 읽으면서 정확한 우리말 의미를 쓰세요.

1 Once, / a giant grandma, "Seolmundae," lived / in Jeju.

옛날에 / 한 할머니 '설문대'는 / 제주에

2 She was / too big / to wear / clothes.

그녀는 ~이었다 / 너무 _____ / 입기에는 / _____ 을

가리키는 말 찾기

+ too + 형용사 + to부정사 ~하기에는 너무 …하다

3 The grandma told / the people, "Make / me / big clothes."

할머니는 말했다 / _____ 에게 / 만들어 줘 / 나에게 / _____ 을

가리키는 말 찾기

4 "Then / I'll build / a bridge / to the mainland."

그러면 / 나는 _____ / 다리를 / _____ 까지

5 The people worked / hard.

사람들은 _____ / _____

6 **They** needed / 100 big rolls / of silk. They only found / 99.

그들은 __________ / 100개의 큰 두루마리들을 / __________ 의. 그들은 겨우 __________ / 99개를

가리키는 말 찾기 ....

7 **That** wasn't / enough / for her clothes.

그것은 ~이 아니었다 / __________ / __________ 을 위해

가리키는 말 찾기 ....

8 Seolmundae felt / sad / and / upset.

설문대는 __________ / 슬프게 / 그리고 / __________ 하게

9 She didn't build / the bridge.

그녀는 __________ / __________ 를

10 And so, / Jeju stayed / an island.

그래서 / 제주는 __________ / __________ 으로

1 Once, a giant grandma, "Seolmundae," lived in Jeju. She was too big to wear clothes.

중심 내용 ▶ 제주에 살던 [(1)] 할머니 '설문대'는 옷을 입기에는 너무 컸다.

2 One day, the grandma told the people, "Make me big clothes. Then I'll build a bridge to the mainland."

중심 내용 ▶ 설문대 할머니는 사람들에게 큰 옷을 만들어 주면, 본토(육지)까지 가는 [(2)]를 지어 주겠다고 말했다.

3 The people worked hard. They needed 100 big rolls of silk. Oh no! They only found 99. That wasn't enough for her clothes.

중심 내용 ▶ 사람들은 열심히 일했지만, 옷을 만들 [(3)]이 충분하지 않았다.

4 Seolmundae felt sad and upset. She didn't build the bridge. And so, Jeju stayed an island.

중심 내용 ▶ 설문대 할머니는 속상해서 다리를 짓지 않았고, 그렇게 제주는 [(4)]으로 남게 되었다.

1 중심 내용

이 글은 무엇에 관한 내용인지 고르세요.

① 제주의 전통 의류 기술

② 제주와 육지를 잇는 교통수단

③ 제주가 섬이 된 설화

2 내용 이해

이 글의 내용과 일치하면 T, 일치하지 않으면 F를 쓰세요.

(1) The people needed 100 big rolls of silk for the clothes. _________

(2) Jeju became part of the mainland. _________

Up전략 근거 찾기 글 안에서 답의 근거가 되는 문장들을 찾아 밑줄을 그으세요.

3 추론 하기

이 글을 읽고 추측할 수 있는 내용을 고르세요.

① The grandma did not like to wear clothes.

② The silk was easy to find in Jeju.

③ People really wanted a bridge to the mainland.

4 적용 하기

설문대 할머니의 옷을 만들기에 부족했던 비단 두루마리의 개수를 고르세요.

① one roll　　　② two rolls　　　③ four rolls

요약하기 문단 중심 내용 빈칸에 쓴 내용을 영어로 쓰세요.

Seolmundae, a __(1)________ grandma, lived in Jeju. She asked people to make her big clothes, promising to build a __(2)________ to the mainland. But there wasn't enough __(3)________, so Jeju stayed an __(4)________.

Kiosks Everywhere

**읽기 전에
어휘 익히기**
MP3 **따라 말하면서 쓰세요.**

extra 추가의

reduce 줄이다

waiting time 대기 시간

save 절약하다

fewer 더 적은

worker 직원

however 하지만

hard 어려운

mistake 실수

convenient 편리한

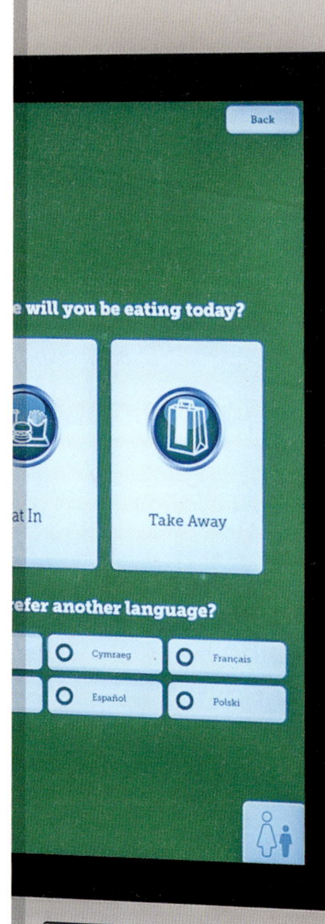

배경지식 쌓기

키오스크(kiosk)는 사람들이 많이 다니는 장소에 설치된 무인 정보 기기로
식당, 은행, 백화점, 지하철, 커피숍 등에 설치되어 있다. 화면을 터치해서
음식이나 상품을 주문하거나, 필요한 정보를 검색할 수 있다.

Yesterday, I used a kiosk to order a sandwich.

I wanted it without onions.

But I added extra onions. Oops!

There are many kiosks around us.

They can reduce waiting times.

And stores can save money with fewer workers.

However, not everyone likes kiosks.

They can be hard to use. Just look at my mistake!

Also, they reduce jobs for people.

Kiosks are everywhere now.

They are convenient, but not for everyone.

What do you think?

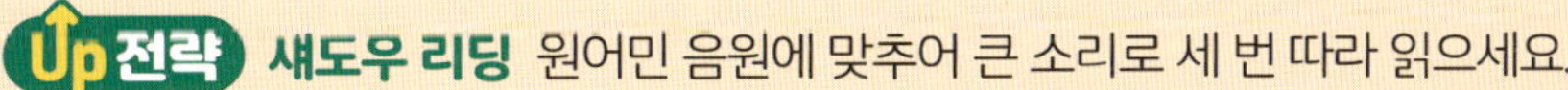

Up 전략 **섀도우 리딩** 원어민 음원에 맞추어 큰 소리로 세 번 따라 읽으세요.

끊어 읽으면서 정확한 우리말 의미를 쓰세요.

1 Yesterday, / I used / a kiosk / to order / a sandwich.

어제 / 나는 _______ / 키오스크를 / _______ 위해 / 샌드위치를

2 I wanted / **it** / without onions.

나는 _______ / 그것을 / _______ 없이

✦ without ✦ 없는 요소 ~없이

3 But / I added / extra onions.

_______ / 나는 추가했다 / _______ 양파들을

4 There are / many kiosks / around us.

~가 있다 / _______ 키오스크들 / 우리 _______

5 **They** can reduce / waiting times.

그것들은 _______ / _______ 을

46

6 And / stores can save / money / with fewer workers.

그리고 / 가게들은 __________ / ______을 / __________ 직원들로

7 However, / not / everyone likes / kiosks.

__________ / 아니다 / 모든 사람은 좋아한다 / __________을

8 They can be / hard / to use. Just look at / my mistake!

그것들은 ~일 수 있다 / __________ / 사용하기에. 한번 봐라 / 나의 실수를

가리키는 말 찾기

9 Also, / they reduce / jobs / for people.

또한 / 그것들은 __________ / __________을 / 사람들을 위한

가리키는 말 찾기

10 They are / convenient, / but / not / for everyone.

그것들은 ~이다 / __________ / 그러나 / __________ / 모든 사람에게

1 Yesterday, I used a kiosk to order a sandwich. I wanted it without onions. But I added extra onions. <u>Oops!</u>

중심 내용 ▸ 나는 어제 [ ][ ][ ][ ] 조작을 잘못하여 샌드위치에 양파를 실수로 추가했다.

2 There are many kiosks around us. They can reduce waiting times. And stores can save money with fewer workers.

중심 내용 ▸ 키오스크는 [ ][ ] 시간을 줄일 수 있고, 가게는 돈을 [ ][ ]할 수 있다.

3 However, not everyone likes kiosks. They can be hard to use. Just look at my mistake! Also, they reduce jobs for people.

중심 내용 ▸ 키오스크는 사용하기 어려울 수 있고, 사람들의 [ ][ ][ ]를 줄일 수도 있다.

4 Kiosks are everywhere now. They are convenient, but not for everyone. What do you think?

중심 내용 ▸ 키오스크는 편리하지만, 모두에게 그렇지는 않다.

1 이 글의 중심 내용을 고르세요.

① 키오스크는 우리 생활에 필수적이다.

② 키오스크 관련 범죄가 증가하고 있다.

③ 키오스크는 장점도 있고, 단점도 있다.

2 키오스크의 장점이 <u>아닌</u> 것을 고르세요.

① Kiosks can reduce waiting times.

② Stores can save money with fewer workers.

③ Kiosks are easy to use for everyone.

Up 전략 근거 찾기 글 안에서 답의 근거가 되는 문장들을 찾아 밑줄을 그으세요.

3 글의 밑줄 친 <u>Oops!</u>에서 추측할 수 있는 'I'의 기분을 고르세요.

① excited   ② tired   ③ surprised

4 글쓴이의 실수와 비슷한 사례를 알맞게 설명한 친구를 고르세요.

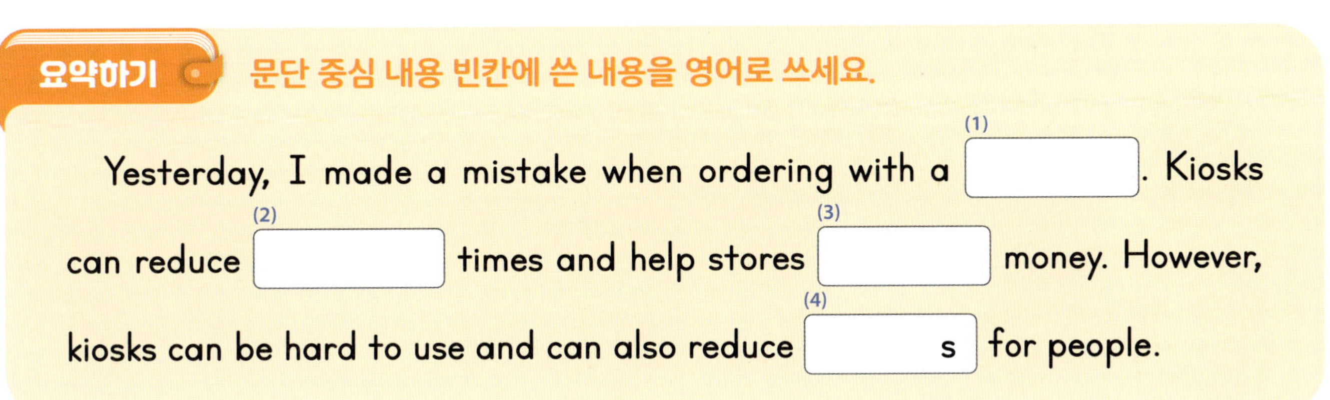

요약하기 문단 중심 내용 빈칸에 쓴 내용을 영어로 쓰세요.

Yesterday, I made a mistake when ordering with a ☐(1). Kiosks can reduce ☐(2) times and help stores ☐(3) money. However, kiosks can be hard to use and can also reduce ☐(4)s for people.

키오스크 써 봤니?

키오스크에 관한 나의 생각이나 경험을 이야기해 보아요.

키오스크로 햄버거를 주문해 보았어요. 화면에 이것저것 너무 많고 복잡해서 저는 사용하기 어려웠어요. **여러분은 키오스크 사용이 편리하신가요, 아니면 불편하신가요?**

저는 직원에게 직접 말하는 게 부끄럽기도 하고 눈치 보일 때도 있어서, 키오스크로 말없이 주문하는 게 더 편해요.

저는

Eat It or Not?

읽기 전에
어휘 익히기
따라 말하면서 쓰세요.

drop 떨어뜨리다

second 초

still 여전히

test 실험하다

faster 더 빠른, 더 빨리

germ 세균

instead 대신에

stick 붙다

work 통하다

moist 촉촉한

배경지식 쌓기

5초 규칙은 바닥에 떨어진 음식을 5초 안에 주워 먹으면 위생적으로 문제가 없다는 믿음으로, 오랜 시간 동안 여러 과학자들이 이를 증명하기 위해 연구했다. NASA의 과학자들도 생활에 밀접한 실험에 참여하기 때문에 이러한 연구에 동참했다.

Oh no! I dropped my cookie!

Is the five-second rule true?

Can I still eat it?

Yes, you can! NASA tested this.

But try to be faster.

Germs are very slow.

So pick it up in three seconds instead.

Then fewer germs can stick to it.

However, this rule doesn't work with moist food.

Germs stick to moist food faster.

They love water.

So don't eat fruit off the floor.

Even in three seconds, it will have germs.

✦ NASA: 나사, 미국 항공 우주국

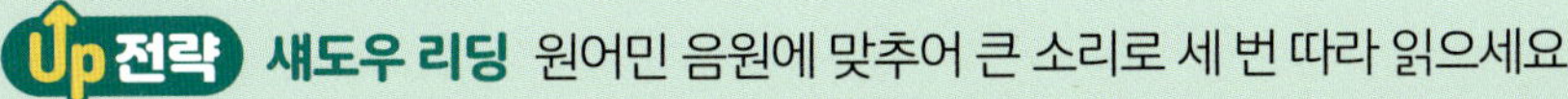 Up 전략 **섀도우 리딩** 원어민 음원에 맞추어 큰 소리로 세 번 따라 읽으세요.

끊어 읽으면서 정확한 우리말 의미를 쓰세요.

1 I dropped / my cookie!

나는 ___________ / 나의 _______ 를

2 Is the five-second rule / true? Can I still eat / it?

_______ 규칙은 ~인가 / 사실인? 나는 _______ 먹을 수 있는가 / 그것을

가리키는 말 찾기

3 Yes, / you can! NASA tested / this.

그렇다 / 너는 ___________ ! NASA가 ___________ / 이것을

가리키는 말 찾기

4 But / try / to be / faster. Germs are / very slow.

그러나 / 노력해라 / ~이려고 / ___________ . ___________ 은 ~이다 / 아주 _______

✦ **try + to부정사** ~하려고 노력하다

5 So / pick it up / in three seconds / instead.

그래서 / 그것을 주워라 / _______ 안에 / ___________

6 Then / fewer germs can stick / to it.

그러면 / _________ 세균들은 _________ / 그것에

가리키는 말 찾기 ....

7 However, / this rule doesn't work / with moist food.

하지만 / 이 규칙은 _________ / _________ 음식에

8 Germs stick / to moist food / faster. They love / water.

세균들은 _________ / 촉촉한 음식에 / _________. 그것들은 아주 좋아한다 / _____ 을

가리키는 말 찾기 ....

9 So / don't eat / fruit / off the floor.

그래서 / _________ / _____ 을 / 바닥에 떨어져 있는

10 Even / in three seconds, / it will have / germs.

~도 / _________ 안에 / 그것은 가지고 있을 것이다 / _________ 을

가리키는 말 찾기 ....

1 ▸ Oh no! I dropped my cookie! Is the five-second rule true? Can I still eat it?

중심 내용 ▸ 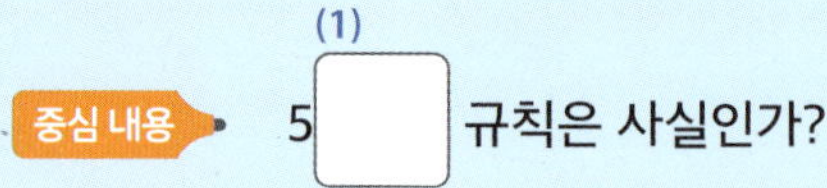

5[(1)] 규칙은 사실인가?

2 ▸ Yes, you can! NASA tested this. But try to be faster. <u>Germs are very slow.</u> So pick it up in three seconds instead. Then fewer germs can stick to it.

중심 내용 ▸ NASA의 실험에 따르면, 떨어진 음식을 3초 안에 주우면 [(2)]이 덜 붙기 때문에 먹어도 괜찮다.

3 ▸ However, this rule doesn't work with moist food. Germs stick to moist food faster. They love water. So don't eat fruit off the floor. Even in three seconds, it will have germs.

중심 내용 ▸ 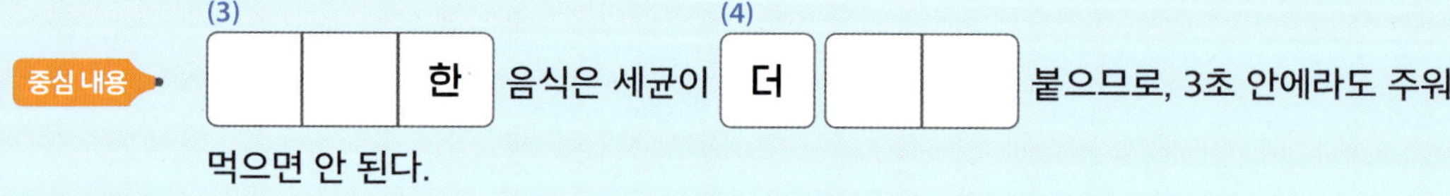

[(3)]한 음식은 세균이 [(4) 더] 붙으므로, 3초 안에라도 주워 먹으면 안 된다.

다음 빈칸에 알맞은 단어를 글에서 찾아 쓰세요.

The five-second rule works for dry food, but not for _________ food.

이 글의 내용과 일치하면 T, 일치하지 않으면 F를 쓰세요.

(1) NASA tested the five-second rule. _________

(2) Germs stick to moist food very slowly. _________

Up전략 근거 찾기 글 안에서 답의 근거가 되는 문장들을 찾아 밑줄을 그으세요.

글의 밑줄 친 부분을 보고, 추측할 수 있는 내용을 고르세요.

① 세균은 종류에 따라 움직이는 속도가 다르다.

② 음식이 바닥에 떨어지자마자 세균이 붙는 것은 아니다.

③ 떨어진 음식을 깨끗한 손으로 주우면 세균이 없어 안전하다.

바닥에 떨어졌을 때, 3초 안에라도 주워 먹으면 안 되는 음식을 고르세요.

① potato chips　　　② cookies　　　③ watermelon

요약하기 문단 중심 내용 빈칸에 쓴 내용을 영어로 쓰세요.

NASA tested the five-[(1)________] rule and found that picking up food in three seconds has fewer [(2)________]s, so it's okay. However, you should not eat [(3)________] food because germs stick to it [(4)________].

Denmark's Naming Rules

MP3

읽기 전에
어휘 익히기
따라 말하면서 쓰세요.

parent 부모

pick 고르다

Denmark 덴마크

list 목록

spell 철자를 쓰다

protect 보호하다

strange 이상한

unusual 특이한

Danish 덴마크의

safe 안전한

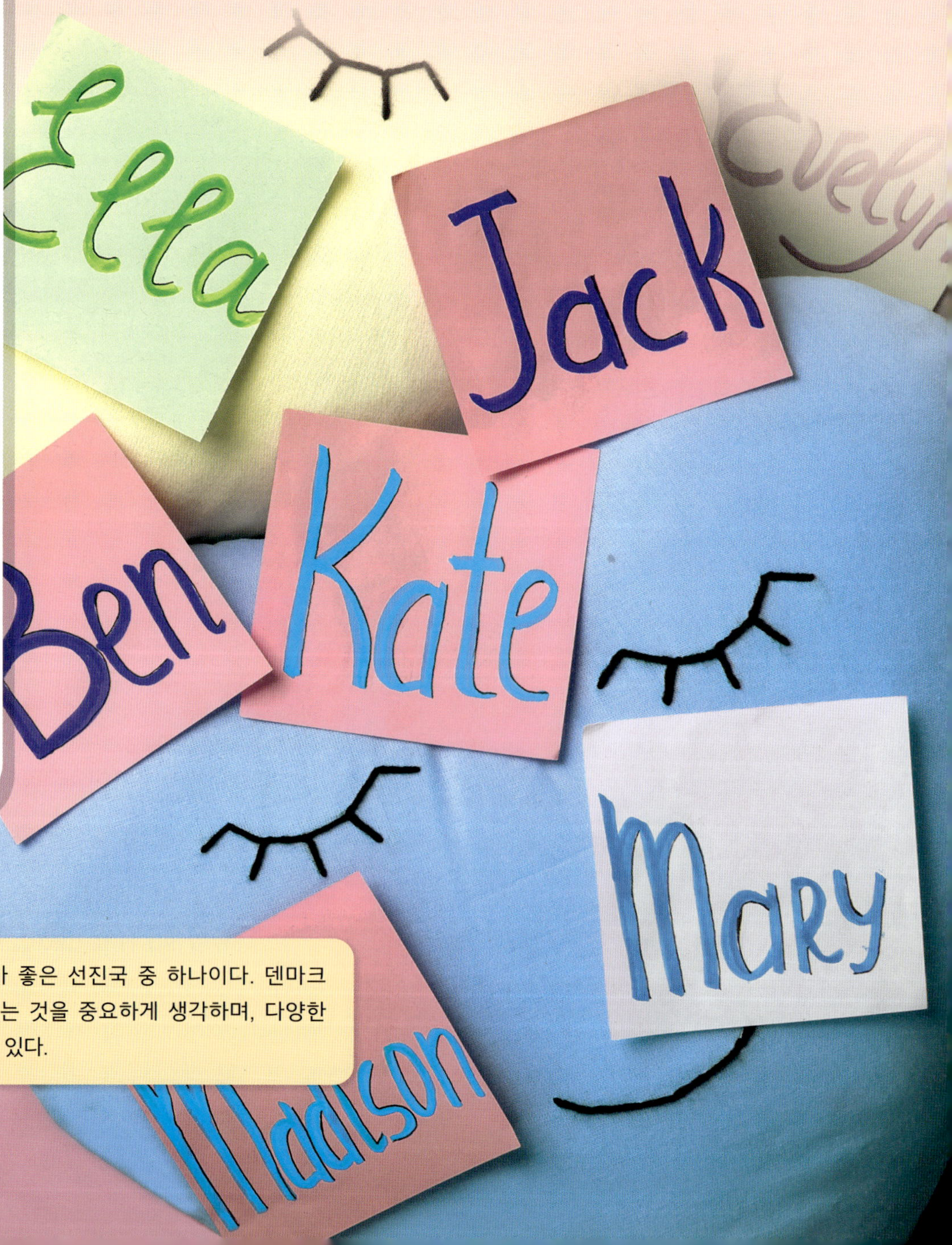

배경지식 쌓기

덴마크는 북유럽에 있는 나라로, 복지가 좋은 선진국 중 하나이다. 덴마크 사람들은 행복하고 평등한 사회를 만드는 것을 중요하게 생각하며, 다양한 제도와 규칙을 통해 국민의 삶을 보호하고 있다.

What is your name?

Did your parents pick something special for you?

In some places, there are special naming rules.

In Denmark, parents cannot pick any name.

They choose from a list of 7,000 names.

The names are all easy to spell.

Also, boys must get boy names.

And girls must get girl names.

These rules protect kids from strange names.

Kids with unusual names might get stressed.

But, Danish kids feel safe with their names.

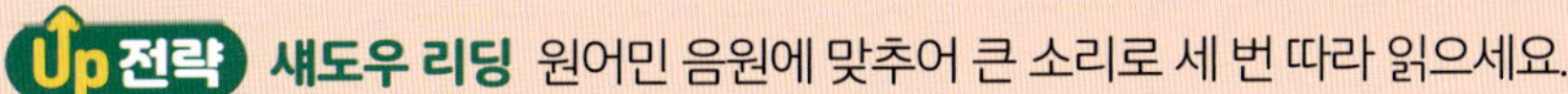

끊어 읽으면서 정확한 우리말 의미를 쓰세요.

1 What / is your name?

무엇   / ___________은 ~인가

2 Did your parents pick / **something special** / for you?

___________은 골랐는가   /   특별한 어떤 것을   /   ___________
가리키는 말 찾기 ....

3 In some places, / there are / special naming rules.

어떤 곳들에   /   ~가 있다   /   ___________ 이름 짓기

4 In Denmark, / parents cannot pick / any name.

___________에서   /   부모들은 ___________   /   아무 이름을

5 They choose / from a list / of 7,000 names.

그들은 선택한다   /   ___________에서   /   7,000개의 ___________의
가리키는 말 찾기 ....

6 The names are / all easy / to spell.

그 이름들은 ~이다 / 모두 _______ / _______ 기에

가리키는 말 찾기 ....

7 Also, / boys must get / boy names.

또한 / _______ 은 받아야 한다 / _______ 을

✚ **must + 동사원형** ~해야 한다

8 These rules protect / kids / from strange names.

이 규칙들은 _______ / 아이들을 / _______ 로부터

9 Kids / with unusual names / might get / stressed.

아이들은 / _______ 을 가진 / 될지도 모른다 / _______ 받게

10 But, / Danish kids feel / safe / with their names.

그러나 / _______ 아이들은 느낀다 / _______ 하게 / 그들의 _______ 에 대해

1 What is your name? Did your parents pick something special for you? In some places, there are special naming rules.

중심 내용 › 아이의 [(1)]을 짓는 데 특별한 규칙이 있는 곳이 있다.

2 In Denmark, parents cannot pick any name. They choose from a list of 7,000 names. The names are all easy to spell. Also, boys must get boy names. And girls must get girl names.

중심 내용 › 덴마크에서는 정해진 이름 [(2)]에서 [(3) 를 쓰 기]에 쉽고 성별에 맞는 이름을 선택해야 한다.

3 These rules protect kids from strange names. Kids with unusual names might get stressed. But, Danish kids feel safe with their names.

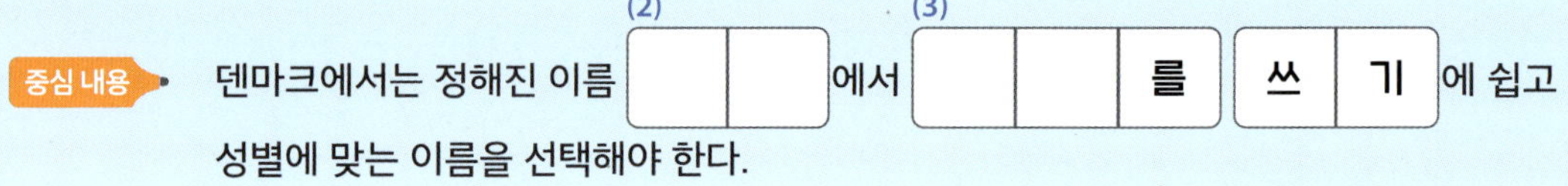

중심 내용 › 이 규칙은 아이들이 특이한 이름 때문에 스트레스를 받지 않도록 [(4) 한 다].

이 글의 중심 내용을 고르세요.

① 덴마크에는 7,000개의 허용된 이름 목록이 있다.

② 덴마크의 이름 짓기 규칙은 아이들의 개성을 가장 우선시한다.

③ 덴마크에는 이름으로 인한 스트레스를 줄이기 위한 규칙이 있다.

2 내용 이해

덴마크 이름의 특징이 <u>아닌</u> 것을 고르세요.

① All the names are very long.

② The names are easy to spell.

③ Danish names make kids feel safe.

Up전략 근거 찾기 글 안에서 답의 근거가 되는 문장들을 찾아 밑줄을 그으세요.

3 적용 하기

덴마크의 이름 짓기 규칙을 우리나라에 적용한다면, 허용될 이름을 고르세요.

① 

②

③

4 어휘 관계

두 단어의 관계가 나머지와 <u>다른</u> 것을 고르세요.

① easy – hard

② pick – choose

③ special – unusual

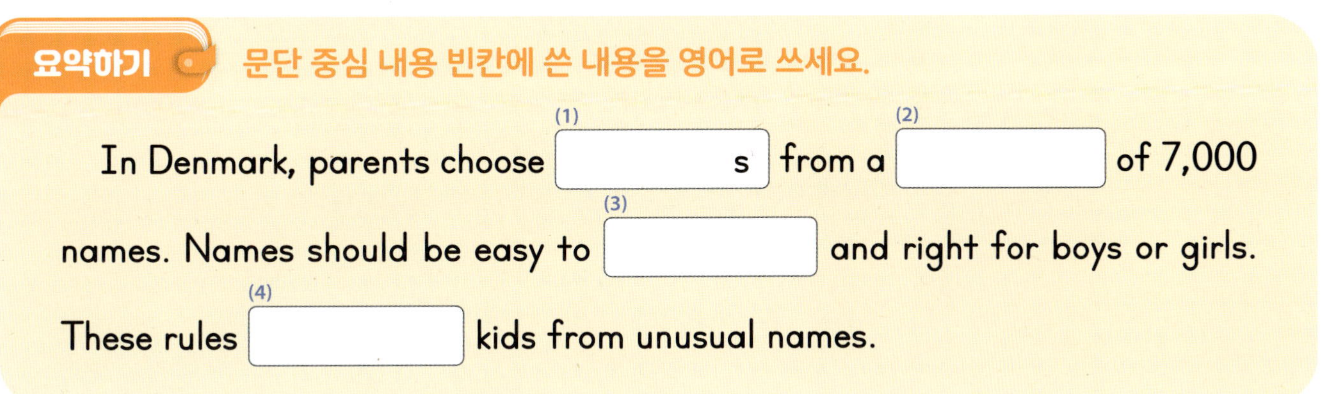

요약하기 문단 중심 내용 빈칸에 쓴 내용을 영어로 쓰세요.

In Denmark, parents choose [(1)   ]s from a [(2)   ] of 7,000 names. Names should be easy to [(3)   ] and right for boys or girls. These rules [(4)   ] kids from unusual names.

The Spider's Christmas Gift

읽기 전에
어휘 익히기
따라 말하면서 쓰세요.

poor 가난한

Ukraine 우크라이나

decorate 장식하다

shiny 빛나는

web 거미줄

amazed 깜짝 놀란

silver 은

beautiful 아름다운

Ukrainian 우크라이나의

decoration 장식품

배경지식 쌓기

우크라이나는 동유럽에 있는 나라로, 러시아와 국경을 접하고 있다. 그들의 전설과 민속 이야기에는 가난한 사람들을 돕는 내용이 많은데, 이는 어려운 상황에서도 서로를 돕고 공동체와 가족을 중시하는 우크라이나 사람들의 정서를 반영한다.

Long ago, there was a poor family in Ukraine.

They wanted to decorate their Christmas tree.

But they had no money.

It was Christmas Eve night.

Little spiders came into the house.

They saw the tree and wanted to help.

The spiders made shiny webs on the tree.

In the morning, the family was amazed.

The webs turned into gold and silver!

The tree looked so beautiful.

Now Ukrainian people put spider decorations on trees.

It brings good luck.

끊어 읽으면서 정확한 우리말 의미를 쓰세요.

1 Long ago, / there was / a poor family / in Ukraine.

오래전에 / ~가 있었다 / ___________ 한 가족 / ___________ 에

2 They wanted / to decorate / their Christmas tree.

그들은 원했다 / ___________ 것을 / 그들의 ___________ 를

가리키는 말 찾기

3 But / they had / no money. It was / Christmas Eve night.

___________ / 그들은 가지고 있었다 / ___________ 이 없는. ~이었다 / ___________ 밤

4 Little spiders came / into the house.

___________ 은 들어왔다 / ___________ 안으로

5 They saw / the tree / and / wanted / to help.

그들은 봤다 / ___________ 를 / 그리고 / ___________ / 돕는 것을

가리키는 말 찾기

6 The spiders made / shiny webs / on the tree.

거미들은 __________ / __________ 을 / 나무 위에

7 In the morning, / the family was / amazed.

아침에 / __________ 은 ~이었다 / __________

8 The webs turned into / gold / and / silver!

거미줄들은 __________ / 금 / 그리고 / __________

9 The tree looked / so beautiful.

__________ 는 보였다 / 정말 __________

+ **look + 형용사** ~하게 보이다

10 Ukrainian people put / spider decorations / on trees.

__________ 사람들은 놓는다 / __________ 을 / __________

1 Long ago, there was a poor family in Ukraine. They wanted to decorate their Christmas tree. But they had no money.

중심 내용 ▶ 우크라이나의 가난한 한 가족은 크리스마스트리를 ⁽¹⁾⬜⬜ 하 고 싶었으나 돈이 없었다.

2 It was Christmas Eve night. (①) Little spiders came into the house. (②) The spiders made shiny webs on the tree. (③)

중심 내용 ▶ 크리스마스이브 밤, 거미들이 빛나는 ⁽²⁾⬜⬜⬜로 트리를 장식했다.

3 In the morning, the family was amazed. The webs turned into gold and silver! The tree looked so beautiful.

중심 내용 ▶ 아침에 거미줄이 금과 ⁽³⁾⬜으로 변해 있었다.

4 Now Ukrainian people put spider decorations on trees. It brings good luck.

중심 내용 ▶ 우크라이나 사람들은 ⁽⁴⁾⬜⬜을 위해 트리에 거미 장식품을 단다.

1 중심 내용

이 글은 무엇에 관한 내용인지 고르세요.

① 우크라이나 거미 장식의 의미와 유래

② 여러 나라의 특별한 크리스마스 장식 문화

③ 크리스마스를 알뜰하게 준비하는 우크라이나 사람들

2 내용 이해

이 글을 읽고 대답할 수 <u>없는</u> 질문을 고르세요.

① 몇 마리의 거미가 집으로 들어왔는가?

② 아침에 크리스마스트리를 본 가족은 왜 놀랐는가?

③ 우크라이나 사람들은 왜 크리스마스트리에 거미 장식품을 다는가?

Up전략 근거 찾기 글 안에서 답의 근거가 되는 문장들을 찾아 밑줄을 그으세요.

3 추론 하기

다음 문장이 들어갈 위치로 알맞은 곳을 고르세요.

> They saw the tree and wanted to help.

①   ②   ③

4 어휘 표현

이 글에 나타난 가족의 기분 변화로 알맞은 것을 고르세요.

① happy → scared

② sad → surprised

③ excited → angry

요약하기 문단 중심 내용 빈칸에 쓴 내용을 영어로 쓰세요.

In Ukraine, a poor family couldn't ___(1)___ their Christmas tree, so spiders made ___(2)___ s. The webs became gold and ___(3)___.

Now, people put spider decorations on their trees for good ___(4)___.

크리스마스트리를 꾸며 보자!

다양한 크리스마스 장식을 영어로 알아보아요.

CHAPTER

4

10

WORLD

지금 막 국경을 넘었습니다!

11

HISTORY

뽀드득, 양치하니 좋아!

12

PSYCHOLOGY

이거 하다~ 저거 하다~

Two Countries, One Town

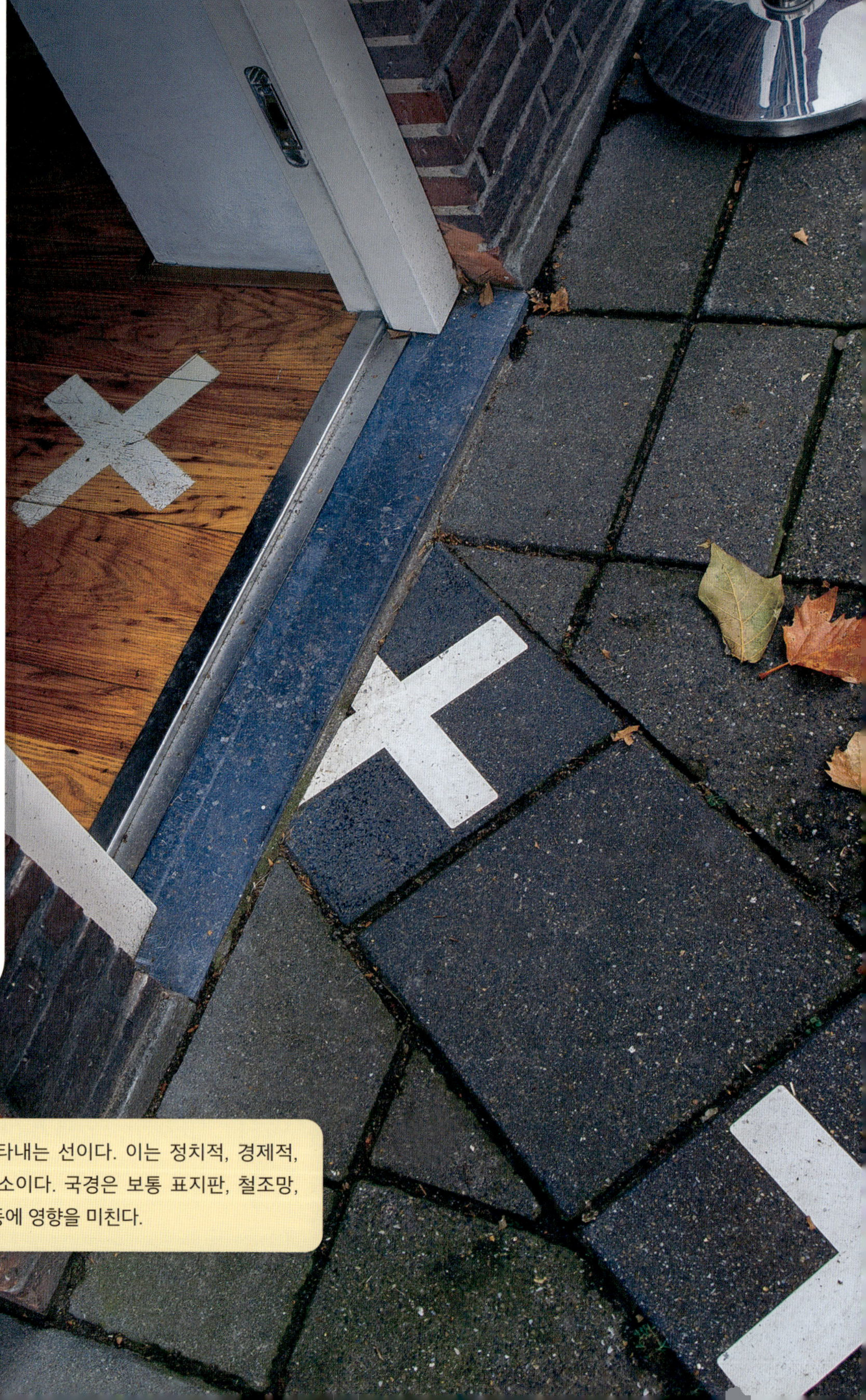

읽기 전에 어휘 익히기 따라 말하면서 쓰세요.

both 둘 다

border 국경

cross 십자 기호

ground 땅바닥

cut through 가로지르다

country 나라

Belgian 벨기에의

Dutch 네덜란드의

share 공유하다

peacefully 평화롭게

배경지식 쌓기

국경은 두 나라나 지역 간의 경계를 나타내는 선이다. 이는 정치적, 경제적, 문화적으로 나라를 구분하는 중요한 요소이다. 국경은 보통 표지판, 철조망, 감시탑 등으로 표시되며, 국제 교역과 이동에 영향을 미친다.

Baarle is a special town.

It is in both Belgium and the Netherlands.

The border is unique.

You can see crosses on the ground.

The side with "B" is Belgium.

"NL" is the Netherlands.

The border runs through streets and buildings.

It even cuts through houses.

Which country are these houses in?

Look at the front door.

A Belgian house has its front door in Belgium.

A Dutch house has it in the Netherlands.

Two countries share this town peacefully.

✦ Baarle: 바를러(도시 이름)

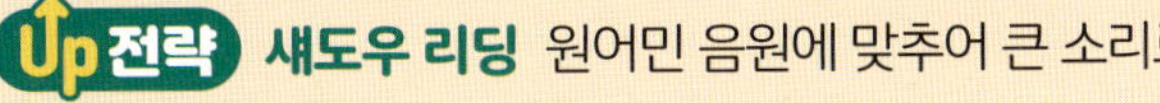

끊어 읽으면서 정확한 우리말 의미를 쓰세요.

1 It is / in both / Belgium / and / the Netherlands.

그것은 있다 / __________ 에 / 벨기에 / 그리고 / 네덜란드

2 You can see / crosses / on the ground.

너는 볼 수 있다 / __________ 을 / __________ 위에

3 The side with "B" is / Belgium. "NL" is / the Netherlands.

'B'가 있는 쪽은 ~이다 / __________ . 'NL'은 ~이다 / __________

4 The border runs / through streets / and / buildings.

그 국경은 이어진다 / __________ 사이로 / 그리고 / __________ 사이로

5 It even cuts through / houses.

그것은 __________ 기도 한다 / __________ 을

6 Which country / are these houses / in?

어느 _______ / 이 집들은 있는가 / ~에

+ which + 명사 어느 ~

가리키는 말 찾기 ....

7 Look at / the front door.

_______ / 현관문을

8 A Belgian house has / its front door / in Belgium.

_______ 은 가지고 있다 / 그것의 _______ 을 / 벨기에에

9 A Dutch house has / it / in the Netherlands.

_______ 은 가지고 있다 / 그것을 / _______ 에

가리키는 말 찾기 ....

10 Two countries share / this town / peacefully.

두 나라들은 _______ / 이 도시를 / _______

1 Baarle is a special town. It is in both Belgium and the Netherlands.

중심 내용 ▶ 바를러는 벨기에와 네덜란드 두 나라에 속해 있는 특별한 (1) [   ][   ] 이다.

2 The border is unique. You can see crosses on the ground. The side with "B" is Belgium. "NL" is the Netherlands.

중심 내용 ▶ 이곳의 (2) [   ][   ] 은 땅바닥에 표시된 십자 기호들로 나타낸다.

3 The border runs through streets and buildings. It even cuts through houses. Which country are these houses in? Look at the front door. A Belgian house has its front door in Belgium. A Dutch house has it in the Netherlands.

중심 내용 ▶ 국경은 거리, (3) [   ][   ], 집을 가로지르며, 집의 현관 (4) [   ] 위치에 따라 어느 나라에 속하는지 결정된다.

4 Two countries share this town peacefully.

1 중심 내용

이 글을 쓴 목적을 고르세요.

① 바를러가 벨기에 땅임을 주장하기 위해

② 아름다운 도시의 풍경을 묘사하여 감상을 돕기 위해

③ 국경이 가로지르는 도시에 관한 정보를 제공하기 위해

2 내용 이해

이 글의 내용과 일치하면 T, 일치하지 않으면 F를 쓰세요.

(1) You can see the border on the ground. ___________

(2) A Belgian house has its front door in the Netherlands. ___________

Up 전략 **근거 찾기** 글 안에서 답의 근거가 되는 문장들을 찾아 밑줄을 그으세요.

3 추론 하기

이 글을 읽고 추측할 수 있는 내용을 고르세요.

① 바를러의 거리는 양쪽이 서로 다른 나라일 수 있다.

② 바를러의 건물과 거리는 국경에서 멀리 떨어져 있다.

③ 바를러의 모든 건물은 벨기에에 모여 있다.

4 적용 하기

국경 표시를 보고, 집이 어느 나라에 속하는지 고르세요.

① Belgium
② the Netherlands
③ Belgium and the Netherlands

요약하기 **문단 중심 내용 빈칸에 쓴 내용을 영어로 쓰세요.**

Baarle is a special __________(1)__________ in both Belgium and the Netherlands.

The __________(2)__________ runs through streets, __________(3)__________ s , and even houses.

The country of a house depends on the location of the front __________(4)__________ .

A Prisoner's Invention

읽기 전에
어휘 익히기
따라 말하면서 쓰세요.

rag 헝겊

British 영국의

prison 감옥

bone 뼈

hole 구멍

guard 교도관

bristle 짧고 뻣뻣한 털

invent 발명하다

toothbrush 칫솔

invention 발명품

배경지식 쌓기

칫솔이 발명되기 전에는 사람들이 풀이나 나뭇가지의 끝을 씹어 이를 닦거나, 헝겊을 손가락에 감아 치아를 문지르곤 했다. 또한 소금이나 허브 등의 향신료를 사용하여 구강 건강을 관리했다.

Would you use a rag to clean your teeth?
Hopefully not! But long ago, people did.
Then William Addis had a better idea.

In 1770, Addis was in a British prison.
He wanted clean teeth.
But he didn't want to use a rag.

One night, he kept a bone from dinner.
He made little holes in it.
Then he asked a guard for some bristles.
He invented the first toothbrush!

Now, everyone uses toothbrushes.
Addis's small invention changed the world!

Up전략 **섀도우 리딩** 원어민 음원에 맞추어 큰 소리로 세 번 따라 읽으세요.

끊어 읽으면서 정확한 우리말 의미를 쓰세요.

1 Would you use / a rag / to clean / your teeth?

너는 사용하겠는가   /　　　　　을 /   닦기 위해   /   너의 　　　　　을

2 Hopefully not! But / long ago, / people did.

그러지 않길 바란다!   그러나 /   오래전에   /　　　　　은 했다

3 Then / William Addis had / a better idea.

그때   / 윌리엄 애디스는 　　　　　　　 / 　　　　　　　을

4 In 1770, / Addis was / in a British prison.

　　　　　에 / 애디스는 있었다   / 　　　　　에

5 He wanted / clean teeth. But / he didn't want / to use / a rag.

그는 　　　　　 / 　　　　　 이들을. 그러나 / 그는 원하지 않았다 / 　　　　　것을 / 헝겊을

6 One night, / he kept / a bone / from dinner.

어느 날 밤 / 그는 남겨 두었다 / 한 개의 ______를 / ________에서 나온

7 He made / little holes / in it.

그는 ________ / 작은 ______을 / 그것에

가리키는 말 찾기 ....

8 Then / he asked / a guard / for some bristles.

그다음에 / 그는 ________ / ________에게 / 짧고 뻣뻣한 털 몇 가닥을

ask + 사람 + for + 요청하는 것 ~에게 …을 부탁하다

9 He invented / the first toothbrush!

그는 ________ / 최초의 ______을

10 Addis's small invention changed / the world!

애디스의 작은 발명품은 ________ / ______을

가리키는 말 찾기 ....

1 Would you use a rag to clean your teeth? Hopefully not! But long ago, people did. Then William Addis had a better idea.

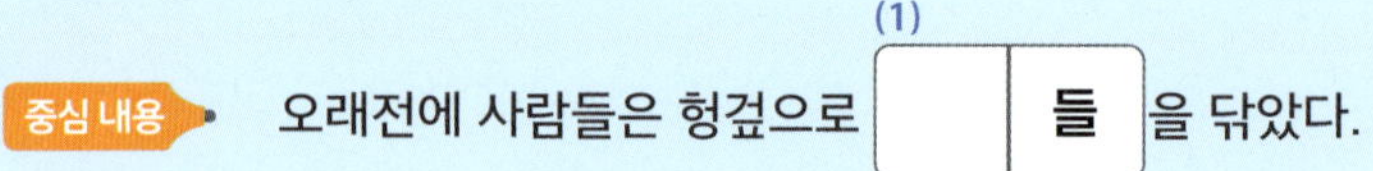

오래전에 사람들은 헝겊으로 [ ][들]을 닦았다.

2 In 1770, Addis was in a British prison. <u>He wanted clean teeth. But he didn't want to use a rag.</u>

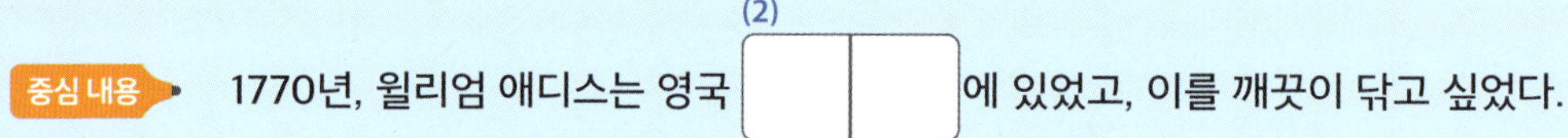

1770년, 윌리엄 애디스는 영국 [ ]에 있었고, 이를 깨끗이 닦고 싶었다.

3 One night, he kept a bone from dinner. He made little holes in it. Then he asked a guard for some bristles. He invented the first toothbrush!

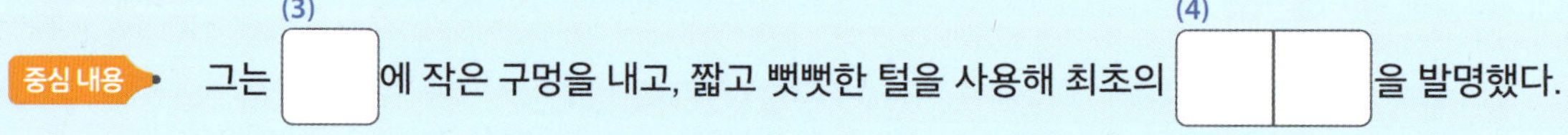

그는 [ ]에 작은 구멍을 내고, 짧고 뻣뻣한 털을 사용해 최초의 [ ]을 발명했다.

4 Now, everyone uses toothbrushes. Addis's small invention changed the world!

이 글은 무엇에 관한 내용인지 고르세요.

① 영국 감옥의 위생 상태

② 세상을 바꾼 작은 아이디어

③ 애디스의 칫솔 회사 설립 과정

이 글을 읽고 대답할 수 <u>없는</u> 질문을 고르세요.

① Where was Addis in 1770?

② What did Addis eat for dinner in prison?

③ What did Addis use to make his first toothbrush?

Up전략 **근거 찾기** 글 안에서 답의 근거가 되는 문장들을 찾아 밑줄을 그으세요.

글의 밑줄 친 부분을 보고, 추측할 수 있는 내용을 고르세요.

① 헝겊으로는 이를 깨끗하게 닦기 어려웠다.

② 애디스는 치아 건강에 관심이 없었다.

③ 애디스는 헝겊을 이용해 이 닦는 방법을 연구했다.

화살표로 표시한 부분을 위해 윌리엄 애디스가 사용한 재료를 고르세요.

① a rag

② a bone

③ bristles

요약하기 문단 중심 내용 빈칸에 쓴 내용을 영어로 쓰세요.

In 1770, William Addis wanted clean _____(1)_____ while in _____(2)_____.

But he didn't want to use a rag, so he used a _____(3)_____ and bristles to

invent the first _____(4)_____.

The Myth of Multitasking

읽기 전에
어휘 익히기
따라 말하면서 쓰세요.

at once 동시에

task 일

multiple 다수의

at the same time 동시에

listen 듣다

worse 더 나쁜

take (시간이) 걸리다

longer 더 오래

brain 뇌

thank 고마워하다

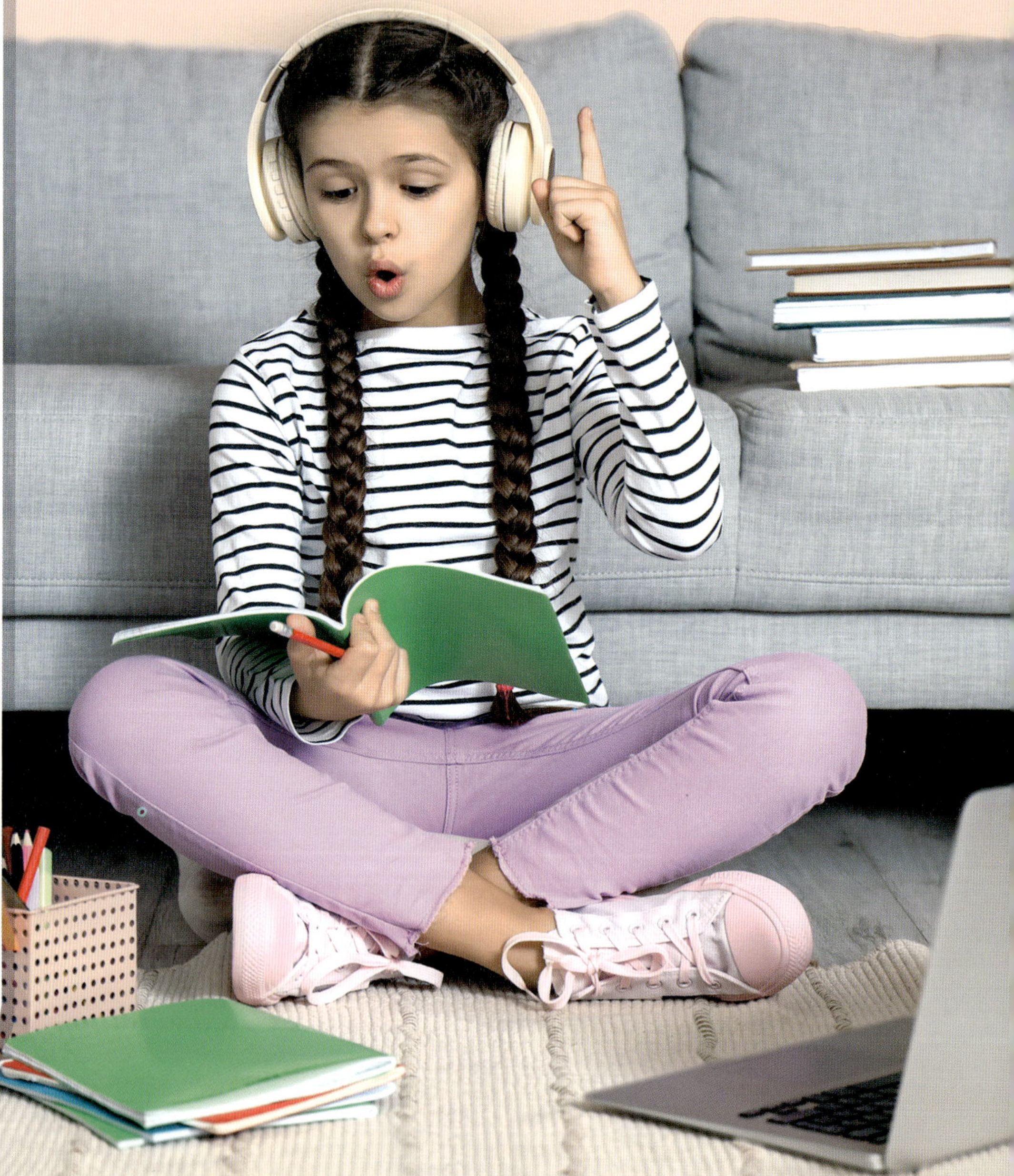

배경지식 쌓기

오래전부터 사람들은 다양한 작업을 동시에 처리하기 위해 노력해 왔다. 과거에는 여러 가지 일을 동시에 하는 것이 물리적으로 어려웠지만, 현대 기술의 발달로 컴퓨터와 스마트폰과 같은 장치들이 멀티태스킹을 가능하게 만들었다.

How many things can you do at once?
One task is not too hard. But two tasks? Three?

This is multitasking.
Doing multiple things at the same time.
Do homework and listen to music.
Watch TV and draw a picture. Sounds cool, right?

But there's a problem.
Multitasking is hard!
Multitasking makes your work worse.
It also makes work take longer.

Our brains can't do many things at once.
So remember! Focus on just one thing.
Your brain will thank you.

＊multitasking: 멀티태스킹, 다중 작업

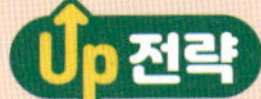
 섀도우 리딩 원어민 음원에 맞추어 큰 소리로 세 번 따라 읽으세요.

끊어 읽으면서 정확한 우리말 의미를 쓰세요.

1 **How many things / can you do / at once?**

얼마나 많은 일들을　　　/ _______________ / _______________

2 **One task is not / too hard. But / two tasks? Three?**

한 가지 ______ 은 ~이 아니다 / 너무 ________.　그러나 / 두 가지 일들은?　세 가지는?

3 **Do / homework / and / listen / to music.**

해라 / ________ 를 / 그리고 / ________ / ________ 을

4 **Watch / TV / and / draw / a picture.**

________ / TV를 / 그리고 / ________ / ________ 을

5 **But / there's / a problem. Multitasking is / hard!**

그러나 / ~가 있다 / ________.　　멀티태스킹은 ~이다 / ________

86

6 Multitasking makes / your work / worse.

멀티태스킹은 ________ / 너의 일을 / ________ 게

7 It also makes / work / take / longer.

그것은 또한 ________ / 일이 / 걸리게 / ________

가리키는 말 찾기 ________

＋make＋사람/사물＋동사원형 ~가 …하게 만들다

8 Our brains can't do / many things / at once.

________ 은 할 수 없다 / 많은 일들을 / ________

9 Focus / on just one thing.

________ / 딱 ________ 에

10 Your brain will thank / you.

너의 뇌는 ________ / 너에게

1 How many things can you do at once? One task is not too hard. But two tasks? Three?

2 This is multitasking. Doing multiple things at the same time. Do homework and listen to music. Watch TV and draw a picture. Sounds cool, right?

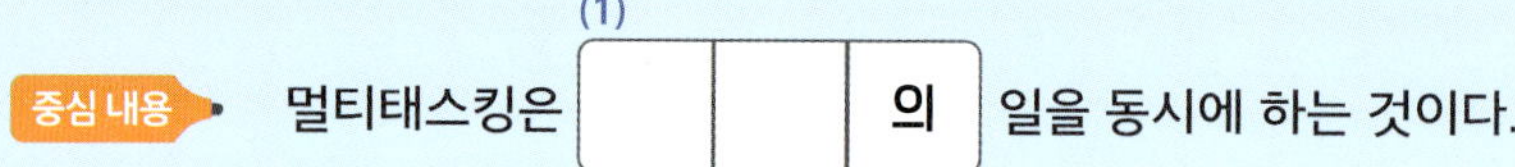

중심 내용 ▶ 멀티태스킹은 [ ][ ] **의** 일을 동시에 하는 것이다.

3 But there's a problem. Multitasking is hard! Multitasking makes your work worse. It also makes work take longer.

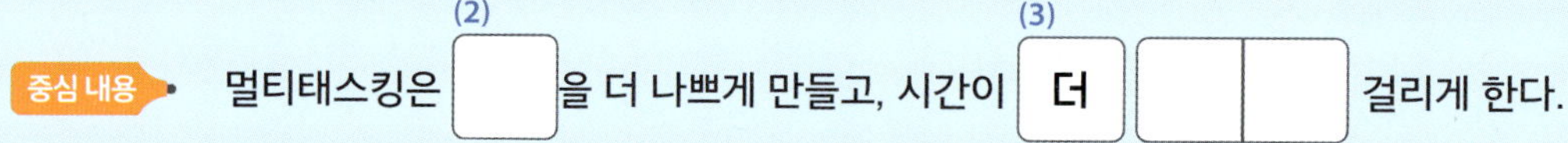

중심 내용 ▶ 멀티태스킹은 [ ]을 더 나쁘게 만들고, 시간이 **더** [ ][ ] 걸리게 한다.

4 Our brains can't do many things at once. So remember! Focus on just one thing. Your brain will thank you.

중심 내용 ▶ 한 가지 일에 집중하는 것이 우리 [ ]에 좋다.

이 글에서 주장하는 것을 고르세요.

① 여러 일을 동시에 하면 뇌의 능력이 향상된다.

② 다양한 일을 시도하는 것이 더 중요하다.

③ 한 가지 일에 집중하는 것이 더 효율적이다.

이 글을 통해 알 수 <u>없는</u> 내용을 고르세요.

① what multitasking means
② when multitasking started
③ why multitasking is bad

Up전략 **근거 찾기** 글 안에서 답의 근거가 되는 문장들을 찾아 밑줄을 그으세요.

이 글을 읽고 추측할 수 있는 멀티태스킹의 결과가 <u>아닌</u> 것을 고르세요.

① 수업 중에 문자를 보내면, 수업 내용을 더 잘 이해할 수 있다.

② 밥을 먹으면서 글을 쓰면 글씨가 엉망이 된다.

③ 핸드폰을 보면서 수학 문제를 풀면 평소보다 오래 걸린다.

두 단어의 관계가 나머지와 <u>다른</u> 것을 고르세요.

① many – few
② draw – paint
③ at once – at the same time

요약하기 **문단 중심 내용 빈칸에 쓴 내용을 영어로 쓰세요.**

Multitasking is doing (1) __________ things at once. Multitasking makes

your (2) __________ worse and makes it take (3) __________. So, focus on one

thing. It's better for your (4) __________.

멀티태스킹 Good or Bad?

멀티태스킹에 관한 나의 생각이나 경험을 이야기해 보아요.

난 숙제하거나 공부할 때 음악을 들어. 그러면 외부 소음을 차단해 줘서 집중하는 데 도움이 돼. 거실에서 동생이 시끄럽게 해도, 음악을 틀어 놓으면 방해가 안 돼서 좋아.

조조

난 스마트폰으로 영상을 보면서 밥을 자주 먹었는데, 그럴 때마다 소화가 잘 안 돼서 속이 불편했어.

그래서 요즘 밥 먹을 땐 다른 건 안 하고 밥만 먹어.

미미

난 줄넘기나 훌라후프 같은 운동을 할 때 음악을 틀어 놓으면 지루하지 않아서 좋지만, 공부할 때 음악을 틀면 산만해져서 오히려 안 좋아.

두두

나는

Photo Credits

p.32   Nature Picture Library / Alamy.com

p.44   Henry Saint John / Shutterstock.com

p.44   Powerofflowers / Shutterstock.com

p.72   Frolova_Elena / Shutterstock.com

others

www.shutterstock.com/

www.alamy.com/

UNIT 3 Potato Chip Surprise

온라인 단어장

● 잘 외워지지 않는 단어를 체크하면서 암기해 보세요.

단어	뜻
restaurant	명 식당
skilled	형 숙련된
rude	형 무례한, 예의 없는
order	동 주문하다
complain	동 불평하다
send	동 보내다
lesson	명 교훈, 수업
slice	동 (얇게) 썰다
thinly	부 얇게
crispy	형 바삭바삭한
cook	명 요리사
thick	형 두꺼운
teach	동 가르치다
pleased	형 기쁜
confused	형 혼란스러운

UNIT 1 Vegan Fashion Saves the Earth

온라인 단어장

● 잘 외워지지 않는 단어를 체크하면서 암기해 보세요.

단어	뜻
Earth	명 지구
plastic	명 플라스틱
problem	명 문제
hurt	동 다치게 하다
planet	명 행성
mushroom	명 버섯
cactus	명 선인장
turn into	~이 되다, ~로 변하다
product	명 제품, 상품
eco-friendly	형 친환경적인
save	동 구하다
answer	명 해결책, 대답
plant	명 식물
leaf	명 잎
stylish	형 멋진, 유행을 따른

UNIT 2 — Head on a Plate

잘 외워지지 않는 단어를 체크하면서 암기해 보세요.

	단어	뜻
☐☐☐	**trick**	몡 묘기, 속임수
☐☐☐	**plate**	몡 접시
☐☐☐	**scary**	혱 무서운
☐☐☐	**closely**	뷔 자세히
☐☐☐	**mirror**	몡 거울
☐☐☐	**side**	몡 옆면, 쪽
☐☐☐	**reflect**	동 반사하다
☐☐☐	**area**	몡 부분, 구역
☐☐☐	**through**	젠 ~을 통해
☐☐☐	**surprise**	동 놀라게 하다
☐☐☐	**magic**	혱 마술의
☐☐☐	**around**	젠 주위에
☐☐☐	**totally**	뷔 아주, 완전히
☐☐☐	**magician**	몡 마술사
☐☐☐	**lie**	동 누워 있다

UNIT 4 — A Baby Penguin Robot

잘 외워지지 않는 단어를 체크하면서 암기해 보세요.

	단어	뜻
☐☐☐	**sometimes**	뷔 때때로, 가끔
☐☐☐	**cause**	동 일으키다
☐☐☐	**stressed**	혱 스트레스를 받는
☐☐☐	**thankfully**	뷔 고맙게도
☐☐☐	**solution**	몡 해결책
☐☐☐	**dress**	동 옷을 입히다
☐☐☐	**scared**	혱 무서워하는
☐☐☐	**anymore**	뷔 더 이상
☐☐☐	**in fact**	사실은
☐☐☐	**safely**	뷔 안전하게
☐☐☐	**worry**	동 걱정하다
☐☐☐	**study**	동 연구하다, 공부하다
☐☐☐	**feel**	동 느끼다
☐☐☐	**slow**	혱 느린
☐☐☐	**move**	동 움직이다, 이사하다

UNIT 7 — Eat It or Not?

● 잘 외워지지 않는 단어를 체크하면서 암기해 보세요.

단어	뜻
drop	동 떨어뜨리다
second	명 초
still	부 여전히, 그런데도
test	동 실험하다
faster	형 더 빠른 부 더 빨리
germ	명 세균
instead	부 대신에
stick	동 붙다
work	동 통하다, 효과가 있다, 일하다
moist	형 촉촉한, 습기 있는
rule	명 규칙
true	형 사실인
try	동 노력하다, 해 보다
fruit	명 과일
even	부 ~도, ~조차

UNIT 5 — The Giant Grandma of Jeju

● 잘 외워지지 않는 단어를 체크하면서 암기해 보세요.

단어	뜻
giant	명 거인
live	동 살다
wear	동 입고 있다
clothes	명 옷
bridge	명 다리
mainland	명 본토
silk	명 비단, 명주실
upset	형 속상한
stay	동 (계속) 남다, 머무르다
island	명 섬
build	동 짓다, 건설하다, 만들다
work	동 일하다
hard	부 열심히
need	동 필요로 하다
enough	형 충분한

UNIT 6 — Kiosks Everywhere

● 잘 외워지지 않는 단어를 체크하면서 암기해 보세요.

단어	뜻
extra	형 추가의
reduce	동 줄이다
waiting time	대기 시간
save	동 절약하다, 구하다
fewer	형 더 적은
worker	명 직원, 일하는 사람
however	부 하지만
hard	형 어려운, 열심히
mistake	명 실수
convenient	형 편리한
kiosk	명 키오스크
everywhere	부 모든 곳에, 사방에
without	전 ~ 없이
money	명 돈
surprised	형 놀란

UNIT 8 — Denmark's Naming Rules

● 잘 외워지지 않는 단어를 체크하면서 암기해 보세요.

단어	뜻
parent	명 부모
pick	동 고르다
Denmark	명 덴마크
list	명 목록, 리스트
spell	동 철자를 쓰다
protect	동 보호하다
strange	형 이상한
unusual	형 특이한, 흔치 않은
Danish	형 덴마크의
safe	형 안전한
naming	명 이름 짓기
easy	형 쉬운
must	조 ~해야 한다
get	동 받다, 되다, 구하다
might	조 ~일지도 모른다

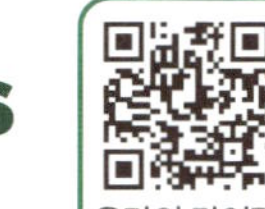

UNIT 11 — A Prisoner's Invention

온라인 단어장

● 잘 외워지지 않는 단어를 체크하면서 암기해 보세요.

단어	뜻
rag	명 헝겊, 누더기
British	형 영국의
prison	명 감옥
bone	명 뼈
hole	명 구멍
guard	명 교도관, 경비원
bristle	명 짧고 뻣뻣한 털
invent	동 발명하다
toothbrush	명 칫솔
invention	명 발명품, 발명
prisoner	명 죄수
hopefully	부 바라건대
keep	동 남겨 두다, 계속하다
ask for	부탁하다
world	명 세상, 세계

UNIT 9 — The Spider's Christmas Gift

온라인 단어장

● 잘 외워지지 않는 단어를 체크하면서 암기해 보세요.

단어	뜻
poor	형 가난한
Ukraine	명 우크라이나
decorate	동 장식하다
shiny	형 빛나는, 반짝거리는
web	명 거미줄
amazed	형 깜짝 놀란
silver	명 은
beautiful	형 아름다운
Ukrainian	형 우크라이나의
decoration	명 장식품, 장식
Christmas Eve	크리스마스이브, 성탄절 전야
gold	명 금
so	부 정말, 너무나 접 그래서
bring	동 가져다주다, 가져오다
luck	명 행운

UNIT 10 · Two Countries, One Town

- 잘 외워지지 않는 단어를 체크하면서 암기해 보세요.

	단어	뜻
☐☐☐	**both**	형 둘 다
☐☐☐	**border**	명 국경
☐☐☐	**cross**	명 십자 기호, X표
☐☐☐	**ground**	명 땅바닥
☐☐☐	**cut through**	가로지르다
☐☐☐	**country**	명 나라, 국가
☐☐☐	**Belgian**	형 벨기에의
☐☐☐	**Dutch**	형 네덜란드의
☐☐☐	**share**	동 공유하다, 나누다
☐☐☐	**peacefully**	부 평화롭게
☐☐☐	**Belgium**	명 벨기에
☐☐☐	**the Netherlands**	네덜란드
☐☐☐	**run through**	~ 사이로 이어지다
☐☐☐	**which**	형 어느
☐☐☐	**front door**	현관문

UNIT 12 · The Myth of Multitasking

- 잘 외워지지 않는 단어를 체크하면서 암기해 보세요.

	단어	뜻
☐☐☐	**at once**	동시에, 한꺼번에
☐☐☐	**task**	명 일, 과제
☐☐☐	**multiple**	형 다수의, 많은
☐☐☐	**at the same time**	동시에
☐☐☐	**listen**	동 듣다
☐☐☐	**worse**	형 더 나쁜
☐☐☐	**take**	동 (시간이) 걸리다, 가지고 가다
☐☐☐	**longer**	부 더 오래
☐☐☐	**brain**	명 뇌
☐☐☐	**thank**	동 고마워하다, 감사하다
☐☐☐	**myth**	명 근거 없는 믿음, 신화
☐☐☐	**thing**	명 일, (사물을 가리키는) 것
☐☐☐	**draw**	동 그리다
☐☐☐	**picture**	명 그림
☐☐☐	**sound**	동 ~하게 들리다

3회독 학습법

Read
Think
Write

달달 읽고 곰곰 생각하는

달콤한

80 Words

LEVEL **2**

LITERACY

Reading

정답 및 해설

NE 능률

달곰한 LITERACY

Reading

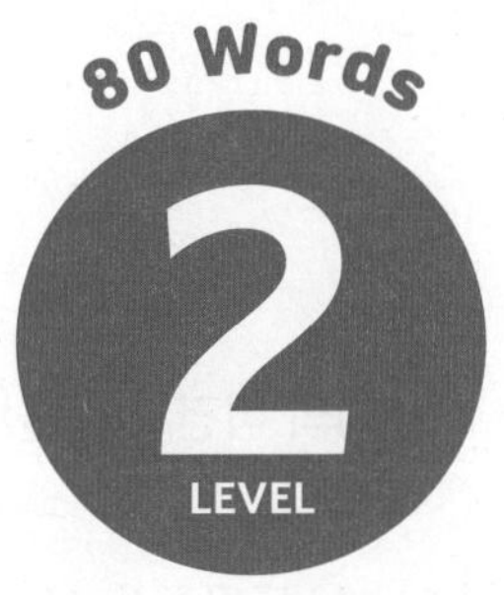

정답 및 해설

UNIT 1
Vegan Fashion Saves the Earth

1 회독  따라 읽고 문해력 Up

본문 해석
p. 13
비건 패션이 지구를 구한다

우리의 비건 가죽을 살펴봐라! 그것은 동물에서 나온 것이 아니다. 그것은 동물과 지구를 돕는다. 몇몇 비건 가죽은 너무 많은 플라스틱을 사용한다. 그것은 문제가 될 수 있다. 플라스틱은 우리 행성을 다치게 할 수 있다. 그러나 우리가 해결책을 찾았다. 우리는 식물로 가죽을 만들었다. 파인애플잎은 가방이 된다. 버섯으로 멋진 신발을 만든다. 그리고 선인장은 허리띠가 된다! 이 비건 가죽은 플라스틱이 없다. 우리의 놀라운 제품들을 써봐라! 그것들은 멋지고 친환경적이다!

2 회독  끊어 읽고 문해력 Up

직독직해
pp. 14-15

1 살펴봐라 / 우리의 비건 가죽을! 그것은 ~이 아니다 / 동물들에서 나온

2 그것은 돕는다 / 동물들을 / 그리고 / 지구를
↳ 가리키는 말 찾기 비건 가죽

3 몇몇 비건 가죽은 사용한다 / 너무 많은 플라스틱을

4 그것은 ~일 수 있다 / 문제
↳ 가리키는 말 찾기 너무 많은 플라스틱(을 사용하는 비건 가죽)

5 플라스틱은 다치게 할 수 있다 / 우리의 행성을
↳ 가리키는 말 찾기 지구

6 우리는 만들었다 / 가죽을 / 식물들로

7 버섯들은 만든다 / 멋진 신발들을

8 그리고 / 선인장들은 ~이 된다 / 허리띠들

9 이 비건 가죽은 가지고 있지 않다 / 플라스틱을
↳ 가리키는 말 찾기 식물로 만든 비건 가죽

10 그것들은 ~이다 / 멋진 / 그리고 / 친환경적인

중심 내용

(1) 동물　　(2) 플라스틱　　(3) 행성　　(4) 선인장

문제 정답

1 ②　　**2** ①　　**3** ②　　**4** ①

Up 전략 근거 찾기

2-② Some vegan leather uses too much plastic.
2-③ Plastic can hurt our planet.

1 ① 플라스틱 문제　② 비건 패션　③ 동물성 제품
기존 비건 패션의 문제점과 그 대안에 관한 내용이므로 정답은 ②이다.

2 ① 너무 비싸다.
② 플라스틱을 너무 많이 사용한다.
③ 지구를 다치게 할 수 있다.
기존 비건 가죽의 가격에 관한 내용은 언급하지 않았으므로 정답은 ①이다.

3 글쓴이는 기존 비건 가죽의 문제점을 제시하고, 그 대안으로 식물성 비건 가죽 제품을 사용해 볼 것을 권유하고 있다. 따라서 정답은 ②이다.

4 파인애플잎, 버섯, 선인장은 식물성 비건 가죽을 만드는 데 사용되는 주요 재료이다. 선인장으로 만든 시계 끈은 식물성 비건 가죽으로 만든 제품의 사례에 해당하므로 정답은 ①이다.

요약하기

(1) animal　　(2) plastic　　(3) planet　　(4) cactus

요약 해석

비건 가죽은 동물에서 나온 것이 아니다. 몇몇 비건 가죽은 너무 많은 플라스틱을 사용하여 우리의 행성을 다치게 하지만, 우리의 것은 파인애플잎, 버섯, 선인장과 같은 식물들로 만들어진다.

UNIT 2 — Head on a Plate

본문 해석
p. 19
접시 위의 머리

안녕하세요, 여러분! 이제 저의 마술 묘기를 보여드릴게요. 접시 위에 남자의 머리가 있습니다. 무섭지 않나요? 하지만 자세히 보세요! 이 테이블은 특별하답니다. 테이블 옆면에 거울이 있어요. 거울이 주변을 반사합니다. 그래서 테이블 아래가 안 보이는 거예요. 남자는 그냥 테이블 아래에 앉아 있답니다. 그리고 구멍에 머리를 내밀고 있는 거예요. 남자는 아주 멀쩡해요. 이 재미있는 마술로 친구들을 놀라게 해 보세요!

직독직해
pp. 20-21

1. 이제 ~하겠습니다 / 나의 마술의 묘기를

2. 그것은 ~이다 / 남자의 머리 / 접시 위에

3. 그러나 / 봐라 / 자세히! 이 테이블은 ~이다 / 특별한

4. 그것은 가지고 있다 / 거울들을 / 옆면들에
   ↳ 가리키는 말 찾기 테이블

5. 그것들은 반사한다 / 부분을 / 그것들 주위에
   ↳ 가리키는 말 찾기 거울들

6. 그래서 / 너는 볼 수 없다 / 테이블 아래를

7. 그 남자는 그저 앉아 있을 뿐이다 / 테이블 아래에

8. 그리고 / 그는 넣는다 / 그의 머리를 / 구멍을 통해
   ↳ 가리키는 말 찾기 테이블 아래에 앉아 있는 남자

9. 그는 ~이다 / 아주 괜찮은

10. 해 봐라 / 이 재미있는 묘기를 / 그리고 / 놀라게 해라 / 너의 친구들을

(1) 묘기   (2) 거울   (3) 반사   (4) 구멍

문제 정답

1 ③   **2** (1) F (2) F   **3** ②   **4** ①

Up전략 근거 찾기

2-(1) This table is special. It has mirrors on the sides.
2-(2) The man is just sitting under the table.

1 ① 무서운 이야기   ② 마술사의 실수   ③ 재미있는 마술 묘기
접시 위 남자의 머리를 보여주는 마술 묘기에 관한 내용이므로 정답은 ③이다.

2 (1) 테이블엔 특별한 것이 없다.
테이블 옆면에 거울이 있어 특별하다고(This table is special. It has mirrors on the sides.) 했으므로 글의 내용과 일치하지 않는다.

(2) 남자는 테이블 위에 누워 있다.
남자는 테이블 아래에 앉아 있다고(The man is just sitting under the table.) 했으므로 글의 내용과 일치하지 않는다.

3 테이블 옆면에 있는 거울이 주변을 반사하여, 그 아래에 앉아 있는 남자의 모습은 보이지 않고 마치 접시 위에 머리만 있는 것처럼 보이게 한다. 이를 통해 이 마술 묘기는 거울을 사용하여 착시를 일으킨다는 것을 추측할 수 있으므로 정답은 ②이다.

4 이 마술에서 거울은 테이블 아래의 공간을 가려 착시를 유발한다. 따라서 마술의 효과를 높이려면, 거울이 반사하는 각도를 정확하게 조정하는 것이 중요하다. 따라서 정답은 ①이다.

요약하기

(1) trick   (2) mirror   (3) reflect   (4) hole

요약 해석
여기 마술 묘기가 있다. 접시 위 남자의 머리! 테이블에는 테이블 주변을 반사하는 거울들이 있다. 남자는 테이블 아래에 앉아 구멍으로 머리를 넣는다.

UNIT 3
Potato Chip Surprise

본문 해석

p. 25

감자칩의 놀라운 이야기

뉴욕에, 한 식당이 있었다. 그곳에서 조지 크럼은 숙련된 요리사였다. 어느 날, 한 무례한 남자가 감자튀김을 주문했다. 그는 "너무 두꺼워! 너무 부드러워!"라며 불평했다. 그는 그것들을 되돌려 보냈다. 크럼은 화가 났다. 그는 그 남자를 혼내 주고 싶었다. 그는 감자를 아주 얇게 썰었다. 그는 그것을 아주 바삭바삭하게 만들었다. 그는 그 위에 소금을 많이 뿌렸다. 정말 놀랍다! 그 남자는 그것을 아주 좋아했다. 그는 더 많이 원했다! 그래서, 크럼은 최초의 감자칩을 만들었다.

직독직해

pp. 26-27

1 뉴욕에 / ~가 있었다 / 한 식당

2 조지 크럼은 ~이었다 / 숙련된 요리사 / **그곳**에서
↳ 가리키는 말 찾기 뉴욕의 한 식당

3 어느 날 / 한 무례한 남자는 주문했다 / 감자튀김을

4 그는 불평했다 / 너무 두꺼워! 너무 부드러워!

5 크럼은 원했다 / 가르치는 것을 / **그 남자**에게 / 교훈을
↳ 가리키는 말 찾기 불평하는 남자

6 그는 썰었다 / 감자들을 / 아주 얇게

7 그는 만들었다 / **그것들**을 / 아주 바삭바삭하게
↳ 가리키는 말 찾기 아주 얇게 썬 감자들

8 그는 뿌렸다 / 많은 소금을 / 그것들 위에

9 그 남자는 아주 좋아했다 / **그것들**을. 그는 원했다 / 더 많은 양을
↳ 가리키는 말 찾기 얇고 바삭바삭한 소금을 뿌린 감자들

10 그래서 / 크럼은 만들었다 / 최초의 감자칩을

문제 정답   p. 29

1 ③   **2** ②   **3** ③   **4** ①

Up전략 근거 찾기

2-① "Too thick! Too soft!" He sent them back.
2-② Crum was angry. He sliced the potatoes very thinly.

1 ① 조지 크럼의 직업   ② 프렌치프라이 조리법   ③ 최초의 감자칩
조지 크럼이라는 한 요리사가 최초의 감자칩을 만들게 된 일화에 관한 내용이므로 정답은 ③이다.

2 조지 크럼은 화가 나서 불평하는 남자를 혼내주려고 감자를 아주 얇게 썰었다고 했으므로 ②는 글의 내용과 일치한다.

3 그는 그 남자를 혼내 주고 싶었다는(He wanted to teach the man a lesson.) 부분에서, 크럼은 불평하는 손님에게 따끔한 맛을 보여주고 싶어했다는 것을 알 수 있다. 그래서 일부러 먹기 힘들 정도로 감자를 아주 얇게 썰고, 딱딱할 정도로 아주 바삭바삭하게 튀기고, 짜게 소금을 많이 뿌렸다. 크럼은 그 손님이 음식을 못 먹고 가게를 떠나거나 화낼 것을 기대했음을 추측할 수 있으므로 정답은 ③이다.

4 ① 화가 난 → 기쁜   ② 행복한 → 혼란스러운   ③ 놀란 → 지루한
손님은 처음에 감자튀김이 너무 두껍고 부드럽다며 불평했지만, 이후 아주 얇게 썰어 튀긴 새로운 감자튀김을 먹고 매우 좋아했다. 따라서 손님의 기분은 화남에서 기쁨으로 변화헸으므로 정답은 ①이다.

요약하기   p. 29

(1) restaurant   (2) complain   (3) salt   (4) potato chip

요약 해석
조지 크럼은 뉴욕 식당의 요리사였다. 어느 날, 한 남자가 감자튀김에 대해 불평했다. 크럼은 감자를 얇게 썰고 소금을 추가했다. 그것이 최초의 감자칩이었다.

UNIT 4

A Baby Penguin Robot

1회독 따라 읽고 문해력 Up

본문 해석

p. 33

새끼 펭귄 로봇

걱정하지 마라, 펭귄들아! 로봇이 돕기 위해 여기 있다! 과학자들은 남극에서 펭귄을 연구하기 위해 로봇들을 이용한다. 그러나 때때로, 로봇이 문제를 일으킬 수 있다. 로봇은 동물처럼 보이지 않는다. 그래서 펭귄들은 그것들 주변에서 스트레스를 받을 수 있다. 고맙게도, 과학자들이 해결책을 찾았다. 그들은 로봇에게 새끼 펭귄처럼 옷을 입혔다! 펭귄들이 더 이상 로봇을 무서워하지 않는다. 사실은, 몇몇 펭귄들은 그것에게 노래한다! 이제, 과학자들은 안전하게 펭귄들을 연구할 수 있다.

2회독 끊어 읽고 문해력 Up

직독직해

pp. 34-35

1 걱정하지 마라 / 펭귄들아! 로봇들은 있다 / 여기에 / 돕기 위해

2 과학자들은 이용한다 / 로봇들을 / 연구하기 위해 / 펭귄들을 / 남극에서

3 그러나 / 때때로 / 로봇들은 일으킬 수 있다 / 문제들을

4 로봇들은 보이지 않는다 / 동물들처럼

5 그래서 / 펭귄들은 느낄 수 있다 / 스트레스를 받게 / 그것들 주위에
⤷ 가리키는 말 찾기 로봇들

6 고맙게도 / 과학자들은 찾았다 / 해결책을

7 그들은 옷을 입혔다 / 로봇에게 / 새끼 펭귄처럼
⤷ 가리키는 말 찾기 과학자들

8 펭귄들은 ~이 아니다 / 무서워하는 / 그것을 / 더 이상
(새끼 펭귄처럼 옷을 입은) 로봇 가리키는 말 찾기 ⤶

9 사실은 / 몇몇 펭귄들은 노래한다 / 그것에게

10 이제 / 과학자들은 연구할 수 있다 / 펭귄들을 / 안전하게

중심 내용

(1) 로봇　　　(2) 동물　　　(3) 해결책　　　(4) 안전

문제 정답　　　　　　　　　　　　　　　　p. 37

1 ②　　　　**2** ③　　　　**3** ①　　　　**4** ②

Up전략 근거 찾기

2-③ But sometimes, the robots can cause problems. Robots don't look like animals.

① ① 새끼 펭귄들과 노는 사람
② 과학자들이 펭귄을 연구하는 방법
③ 과학자들이 남극에 가는 이유
과학자들이 펭귄을 연구하기 위해 사용하는 로봇에 관한 내용이므로 정답은 ②이다.

② ① 그것들은 크고 느리다.
② 그것들은 움직일 수 없다.
③ 그것들은 동물처럼 보이지 않는다.
기존 펭귄 연구용 로봇들은 동물처럼 보이지 않아 문제를 일으킬 수 있다고 (But sometimes, the robots can cause problems. Robots don't look like animals.) 했으므로 정답은 ③이다.

③ 몇몇 펭귄들이 로봇에게 노래한다는(In fact, some penguins sing to it!) 부분에서, 펭귄들이 로봇을 무서워하지 않는다는 것을 알 수 있다. 펭귄들이 노래하는 행동은 주로 긍정적인 상호작용을 의미하므로, 펭귄들이 새끼 펭귄처럼 옷을 입힌 로봇을 친근하게 느낀다는 것을 추측할 수 있다. 따라서 정답은 ①이다.

④ 최근 과학자들은 새들을 놀라게 하지 않기 위해 새의 형태를 한 드론을 만들고 있다. 로봇에게 새끼 펭귄처럼 옷을 입힌 해결책과 이 드론의 공통점은 드론이나 로봇을 동물처럼 보이게 만든다는 것이다. 따라서 정답은 ②이다.

요약하기　　　　　　　　　　　　　　　　p. 37

(1) robot　　　(2) animal　　　(3) solution　　　(4) safely

요약 해석

과학자들은 펭귄을 연구하기 위해 로봇을 사용하지만, 로봇은 동물처럼 보이지 않는다. 과학자들은 새끼 펭귄처럼 보이도록 로봇에게 옷을 입혀 해결책을 찾았다. 이제, 그들은 펭귄을 안전하게 연구할 수 있다.

UNIT 5

The Giant Grandma of Jeju

본문 해석

p. 39

제주의 거인 할머니

옛날에, 제주에 한 거인 할머니 '설문대'가 살았다. 그녀는 너무 커서 옷을 입을 수 없었다. 어느 날, 할머니가 사람들에게 "나에게 큰 옷을 만들어 줘. 그러면 내가 육지까지 가는 다리를 지어 줄게."라고 말했다. 사람들은 열심히 일했다. 그들은 큰 비단 두루마리 100개가 필요했다. 저런! 그들은 겨우 99개만 찾았다. 그것은 그녀의 옷에 충분하지 않았다. 설문대는 슬프고 속상했다. 그녀는 다리를 짓지 않았다. 그래서, 제주는 계속 섬으로 남게 되었다.

직독직해

pp. 40-41

1 옛날에 / 한 거인 할머니 '설문대'는 살았다 / 제주에

2 그녀는 ~이었다 / 너무 큰 / 입기에는 / 옷을
   ↳ 가리키는 말 찾기 설문대 할머니

3 할머니는 말했다 / 사람들에게 / 만들어 줘 / 나에게 / 큰 옷을
   ↳ 가리키는 말 찾기 설문대 할머니

4 그러면 / 나는 지을 것이다 / 다리를 / 본토(육지)까지

5 사람들은 일했다 / 열심히

6 그들은 필요로 했다 / 100개의 큰 두루마리들을 / 비단의. 그들은 겨우 찾았다 / 99개를
   ↳ 가리키는 말 찾기 사람들

7 그것은 ~이 아니었다 / 충분한 / 그녀의 옷을 위해
   ↳ 가리키는 말 찾기 99개의 비단 두루마리들

8 설문대는 느꼈다 / 슬프게 / 그리고 / 속상하게

9 그녀는 짓지 않았다 / 다리를

10 그래서 / 제주는 (계속) 남았다 / 섬으로

중심 내용

(1) 거인　　　(2) 다리　　　(3) 비단　　　(4) 섬

문제 정답

1 ③　　　　**2** (1) T (2) F　**3** ③　　　　**4** ①

Up전략 근거 찾기

2-(1) They needed 100 big rolls of silk.
2-(2) And so, Jeju stayed an island.

1 제주가 섬이 된 설문대 할머니 설화에 관한 내용이므로 정답은 ③이다.

2 (1) 사람들은 옷을 만들기 위해 큰 비단 두루마리 100개가 필요했다.
설문대 할머니의 옷을 만들기 위해 큰 비단 두루마리 100개가 필요하다고 (They needed 100 big rolls of silk.) 했으므로 글의 내용과 일치한다.

(2) 제주는 본토(육지)의 일부가 되었다.
제주는 섬으로 남게 되었다고(And so, Jeju stayed an island.) 했으므로 글의 내용과 일치하지 않는다.

3 ① 할머니는 옷 입는 것을 좋아하지 않았다.
② 제주에서 비단은 찾기 쉬웠다.
③ 사람들은 본토까지 가는 다리를 정말로 원했다.
설문대 할머니가 사람들에게 큰 옷을 만들어주면 본토까지 가는 다리를 지어주겠다고 말하자, 사람들이 옷을 만들기 위해 열심히 일했다. 이를 통해 사람들은 본토로 가는 다리를 정말로 원했다는 것을 추측할 수 있다. 따라서 정답은 ③이다.

4 ① 두루마리 1개　② 두루마리 2개　③ 두루마리 4개
설문대 할머니의 옷을 만들기 위해 큰 비단 두루마리 100개가 필요했지만, 사람들은 99개만 찾았다. 따라서 부족했던 비단 두루마리의 개수는 1개이므로 정답은 ①이다.

요약하기

(1) giant　　　(2) bridge　　　(3) silk　　　(4) island

요약 해석

설문대라는 거인 할머니가 제주에 살았다. 그녀는 본토(육지)까지 가는 다리를 지어 주겠다고 약속하며, 사람들에게 큰 옷을 만들어 달라고 부탁했다. 그러나 비단이 충분하지 않아, 제주는 계속 섬으로 남게 되었다.

UNIT 6

Kiosks Everywhere

본문 해석

p. 45

어디에나 있는 키오스크

어제, 나는 샌드위치를 주문하기 위해 키오스크를 사용했다. 나는 양파가 없는 것을 먹고 싶었다. 그러나 나는 양파를 더 추가했다. 어이쿠! 우리 주위에 많은 키오스크가 있다. 그것들은 대기 시간을 줄일 수 있다. 그리고 가게들은 더 적은 직원으로 돈을 절약할 수 있다. 하지만, 모두가 키오스크를 좋아하는 것은 아니다. 그것들은 사용하기 어려울 수 있다. 내 실수를 한번 봐라! 또한, 그것들은 사람들을 위한 일자리를 줄인다. 이제 키오스크는 어디에나 있다. 그것들은 편리하지만, 모두에게 그렇지는 않다. 당신은 어떻게 생각하는가?

직독직해

pp. 46-47

1 어제 / 나는 사용했다 / 키오스크를 / 주문하기 위해 / 샌드위치를

2 나는 원했다 / 그것을 / 양파들 없이
↳ 가리키는 말 찾기 샌드위치

3 그러나 / 나는 추가했다 / 추가의 양파들을

4 ~가 있다 / 많은 키오스크들 / 우리 주위에

5 그것들은 줄일 수 있다 / 대기 시간들을
↳ 가리키는 말 찾기 (많은) 키오스크들

6 그리고 / 가게들은 절약할 수 있다 / 돈을 / 더 적은 직원들로

7 하지만 / 아니다 / 모든 사람은 좋아한다 / 키오스크들을

8 그것들은 ~일 수 있다 / 어려운 / 사용하기에. 한번 봐라 / 나의 실수를
샌드위치에 양파를 추가한 실수 가리키는 말 찾기 ↵

9 또한 / 그것들은 줄인다 / 일자리들을 / 사람들을 위한
↳ 가리키는 말 찾기 키오스크들

10 그것들은 ~이다 / 편리한 / 그러나 / 아니다 / 모든 사람에게

(1) 키오스크   (2) 대기   (3) 절약   (4) 일자리

문제 정답   p. 49

1 ③   **2** ③   **3** ③   **4** ①

Up전략 근거 찾기

2-① They can reduce waiting times.
2-② And stores can save money with fewer workers.
2-③ They can be hard to use.

1 키오스크의 장단점을 설명하는 글이므로 정답은 ③이다.

2 ① 키오스크는 대기 시간을 줄일 수 있다.
② 가게는 더 적은 직원으로 돈을 절약할 수 있다.
③ 키오스크는 모든 사람이 사용하기 쉽다.
키오스크는 사용하기 어려울 수 있다고(They can be hard to use.) 했으므로 정답은 ③이다.

3 ① 신이 난 ② 피곤한 ③ 놀란
'Oops!'는 당황스러운 실수나 행동에 사용하는 감탄사이다. 이를 통해 글쓴이가 샌드위치를 잘못 주문하여 놀라고 당황했다는 것을 추측할 수 있으므로 정답은 ③이다.

4 글쓴이는 키오스크 조작을 잘못하여 샌드위치에 양파를 실수로 추가했다. 이는 배달 앱으로 피자를 주문했는데, 실수로 추가 토핑을 빠뜨린 사례와 비슷하므로 정답은 ①이다.

요약하기   p. 49

(1) kiosk   (2) waiting   (3) save   (4) job

요약 해석
어제, 나는 키오스크로 주문할 때 실수를 했다. 키오스크는 대기 시간을 줄일 수 있고, 가게들이 돈을 절약할 수 있도록 돕는다. 하지만, 키오스크는 사용하기 어려울 수 있고, 사람들을 위한 일자리를 줄일 수도 있다.

UNIT 7
Eat It or Not?

 **1** 회독 따라 읽고 문해력 Up

본문 해석
p. 53
먹을 것인가, 말 것인가?

안돼! 나는 쿠키를 떨어뜨렸다! 5초 규칙은 사실인가? 여전히 먹어도 되는가? 그렇다, 먹어도 된다! NASA가 이것을 실험했다. 그러나 더 빠르도록 노력해라. 세균은 아주 느리다. 그러니까 대신 그것을 3초 안에 주워라. 그러면 세균이 덜 붙을 수 있다. 하지만, 이 규칙은 습기 있는 음식에는 통하지 않는다. 세균은 습기 있는 음식에 더 빨리 붙는다. 세균은 물을 아주 좋아한다. 그러니까 바닥에 떨어진 과일은 먹지 마라. 3초 안에도, 세균이 있을 것이다.

 **2** 회독 끊어 읽고 문해력 Up

직독직해
pp. 54-55

1 나는 떨어뜨렸다 / 나의 쿠키를

2 5초 규칙은 ~인가 / 사실인? 나는 여전히 먹을 수 있는가 / 그것을
떨어뜨린 쿠키 〔가리키는 말 찾기〕

3 그렇다 / 너는 할 수 있다! NASA가 실험했다 / 이것을
5초 규칙(이 사실인지) 〔가리키는 말 찾기〕

4 그러나 / 노력해라 / ~이려고 / 더 빠른. 세균들은 ~이다 / 아주 느린

5 그래서 / 그것을 주워라 / 3초 안에 / 대신에

6 그러면 / 더 적은 세균들은 붙을 수 있다 / 그것에
〔가리키는 말 찾기〕 떨어뜨린 쿠키

7 하지만 / 이 규칙은 통하지 않는다 / 촉촉한 음식에

8 세균들은 붙는다 / 촉촉한 음식에 / 더 빨리. 그것들은 아주 좋아한다 / 물을
〔가리키는 말 찾기〕 세균들

9 그래서 / 먹지 마라 / 과일을 / 바닥에 떨어져 있는

10 ~도 / 3초 안에 / 그것은 가지고 있을 것이다 / 세균들을
〔가리키는 말 찾기〕 바닥에 떨어져 있는 과일

중심 내용 p. 56

(1) 초　　　(2) 세균　　　(3) 촉촉　　　(4) 빨리

문제 정답 p. 57

1 moist　　　**2** (1) T (2) F　　**3** ②　　　**4** ③

Up 전략 근거 찾기

2-(1) NASA tested this.

2-(2) Germs stick to moist food faster.

1 5초 규칙은 건조한 음식에는 통하지만, 촉촉한 음식에는 통하지 않는다.
세균은 촉촉한 음식에 더 빨리 붙기 때문에 5초 규칙이 촉촉한 음식에는 통하지 않는다고 했으므로 빈칸에 알맞은 단어는 'moist'이다.

2 (1) NASA는 5초 규칙을 실험했다.
NASA가 5초 규칙이 사실인지 실험했다고(NASA tested this.) 했으므로 글의 내용과 일치한다.

(2) 세균은 촉촉한 음식에 아주 느리게 붙는다.
세균은 촉촉한 음식에 더 빨리 붙는다고(Germs stick to moist food faster.) 했으므로 글의 내용과 일치하지 않는다.

3 세균은 아주 느리다는(Germs are very slow.) 부분에서, 음식이 바닥에 떨어지자마자 세균이 붙는 것이 아니라 천천히 붙는다는 것을 추측할 수 있다. 따라서 정답은 ②이다.

4 ① 감자칩　② 쿠키　③ 수박
물을 좋아하는 세균은 촉촉한 음식에 더 빨리 붙는다. 따라서 수박 같이 물기가 많은 음식은 3초 안에라도 주워 먹으면 안 되므로 정답은 ③이다.

요약하기 p. 57

(1) second　　(2) germ　　(3) moist　　(4) faster

요약 해석
NASA는 5초 규칙을 실험했고, 음식을 3초 안에 주우면 세균이 더 적어서 괜찮다는 것을 발견했다. 하지만, 세균은 촉촉한 음식에 더 빨리 붙기 때문에 촉촉한 음식은 먹지 말아야 한다.

UNIT 8
Denmark's Naming Rules

본문 해석

p. 59

덴마크의 이름 짓기 규칙

당신의 이름은 무엇인가? 당신의 부모님은 당신을 위해 어떤 특별한 이름을 골랐는가? 어떤 곳에서는, 특별한 이름 짓기 규칙이 있다. 덴마크에서는, 부모가 아무 이름이나 고를 수 없다. 그들은 7,000개의 이름이 있는 목록에서 선택한다. 그 이름들은 모두 철자를 쓰기에 쉽다. 또한, 남자아이들은 남자아이의 이름을 받아야 한다. 그리고 여자아이들은 여자아이의 이름을 받아야 한다. 이 규칙은 아이들을 이상한 이름으로부터 보호한다. 특이한 이름을 가진 아이들은 스트레스를 받을지도 모른다. 그러나, 덴마크 아이들은 자신의 이름에 대해 안전하게 느낀다.

직독직해

pp. 60-61

1 무엇 / 너의 이름은 ~인가

2 너의 부모들은 골랐는가 / 특별한 어떤 것을 / 너를 위해
↳ 가리키는 말 찾기 특별한 이름

3 어떤 곳들에 / ~가 있다 / 특별한 이름 짓기 규칙들

4 덴마크에서 / 부모들은 고를 수 없다 / 아무 이름을

5 그들은 선택한다 / 목록에서 / 7,000개의 이름들의
↳ 가리키는 말 찾기 덴마크의 부모들

6 그 이름들은 ~이다 / 모두 쉬운 / 철자를 쓰기에
↳ 가리키는 말 찾기 7,000개의 이름 목록에 있는 이름들

7 또한 / 남자아이들은 받아야 한다 / 남자아이 이름들을

8 이 규칙들은 보호한다 / 아이들을 / 이상한 이름들로부터

9 아이들은 / 특이한 이름들을 가진 / 될지도 모른다 / 스트레스를 받게

10 그러나 / 덴마크의 아이들은 느낀다 / 안전하게 / 그들의 이름들에 대해

(1) 이름   (2) 목록   (3) 철자   (4) 보호

문제 정답 p. 63

1 ③   **2** ①   **3** ②   **4** ①

Up전략 근거 찾기

2-② The names are all easy to spell.
2-③ But, Danish kids feel safe with their names.

1 덴마크에는 이름으로 인한 스트레스를 줄이기 위한 규칙이 있음을 설명하는 글이므로 정답은 ③이다.

2 ① 모든 이름은 아주 길다.
② 그 이름들은 철자를 쓰기에 쉽다.
③ 덴마크 이름들은 아이들이 안전하게 느끼게 만든다.
덴마크 이름의 길이에 관한 내용은 언급하지 않았으므로 정답은 ①이다.

3 덴마크의 이름 짓기 규칙에 따르면, 이름은 철자를 쓰기에 쉬워야 하고 성별에 맞아야 한다. '민준'은 철자를 쓰기 쉽고 전형적인 한국 남자아이의 이름이므로 규칙에 부합한다. 따라서 정답은 ②이다.
'제희'는 여자아이 이름으로는 적합하나, 발음상 혼동 가능성(제희/재희)이 있어 철자를 쓰기 쉬워야 한다는 규칙에 부합하지 않으므로 ①은 정답이 아니다.
'지우'는 남녀 모두에게 사용되는 중성적 이름이기 때문에, 성별에 맞아야 한다는 규칙에 부합하지 않으므로 ③은 정답이 아니다.

4 ① 쉬운 - 어려운   ② 고르다 - 선택하다   ③ 특별한 - 특이한
②와 ③의 두 단어는 각각 유의 관계이고, ①의 두 단어는 반의 관계이므로 정답은 ①이다.

요약하기 p. 63

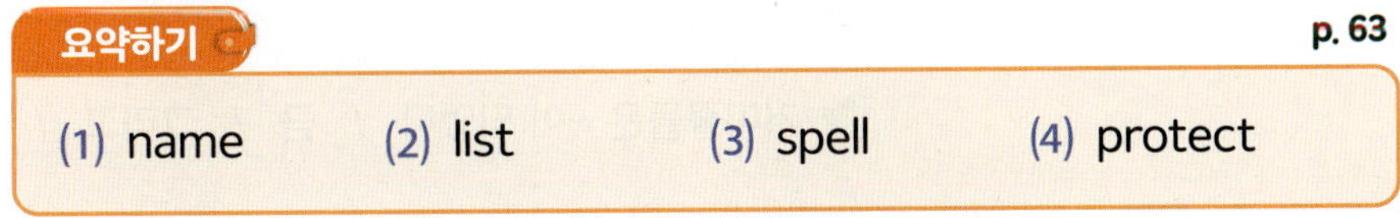

(1) name   (2) list   (3) spell   (4) protect

요약 해석
덴마크에서는, 부모가 7,000개의 이름 목록에서 이름을 선택한다. 이름은 철자를 쓰기에 쉽고 남자아이 또는 여자아이에게 적합해야 한다. 이러한 규칙은 아이들을 특이한 이름으로부터 보호한다.

UNIT 9
The Spider's Christmas Gift

본문 해석

p. 65

거미의 크리스마스 선물

오래전에, 우크라이나에 가난한 한 가족이 있었다. 그들은 크리스마스트리를 장식하고 싶었다. 그러나 그들은 돈이 없었다. 그날은 크리스마스이브 밤이었다. 작은 거미들이 집에 들어왔다. 그들은 트리를 보고 돕고 싶었다. 거미들은 트리에 빛나는 거미줄을 만들었다. 아침에, 가족은 깜짝 놀랐다. 거미줄이 금과 은으로 변한 것이었다! 그 트리는 정말 아름답게 보였다. 이제 우크라이나 사람들은 트리에 거미 장식품을 단다. 그것은 행운을 가져다준다.

직독직해

pp. 66-67

1. 오래전에 / ~가 있었다 / 가난한 한 가족 / 우크라이나에

2. 그들은 원했다 / 장식하는 것을 / 그들의 크리스마스트리를
   ↳ 가리키는 말 찾기 우크라이나의 가난한 한 가족

3. 그러나 / 그들은 가지고 있었다 / 돈이 없는. ~이었다 / 크리스마스이브 밤

4. 작은 거미들은 들어왔다 / 집 안으로

5. 그들은 봤다 / 나무를 / 그리고 / 원했다 / 돕는 것을
   ↳ 가리키는 말 찾기 작은 거미들

6. 거미들은 만들었다 / 빛나는 거미줄들을 / 나무 위에

7. 아침에 / 가족은 ~이었다 / 깜짝 놀란

8. 거미줄들은 ~이 되었다 / 금 / 그리고 / 은

9. 그 나무는 보였다 / 정말 아름답게

10. 우크라이나의 사람들은 놓는다 / 거미 장식품들을 / 나무들 위에

중심 내용

(1) 장식　　(2) 거미줄　　(3) 은　　(4) 행운

문제 정답

1 ①　　**2** ①　　**3** ②　　**4** ②

Up전략 근거 찾기

2-② The webs turned into gold and silver!

2-③ It brings good luck.

❶ 우크라이나의 한 가족 이야기를 중심으로 거미 장식의 의미와 유래에 관한 내용이므로 정답은 ①이다.

❷ 몇 마리의 거미가 집으로 들어왔는지에 관한 내용은 언급하지 않아 대답할 수 없으므로 정답은 ①이다.

❸ 그들은 나무를 보고 돕고 싶었다.

거미들이 집으로 들어온(Little spiders came into the house.) 후, 나무를 보고 돕고 싶어서(They saw the tree and wanted to help.) 나무에 빛나는 거미줄을 만들었다는(The spiders made shiny webs on the tree.) 내용이 이어지는 것이 자연스러우므로 정답은 ②이다.

❹ ① 행복한 → 무서운　② 슬픈 → 놀란　③ 신이 난 → 화가 난

가족은 처음에 돈이 없어 크리스마스트리를 장식하지 못해 슬펐지만, 이후 거미들이 만든 거미줄이 금과 은으로 변한 것을 보고 놀랐다. 따라서 가족의 기분은 슬픔에서 놀람으로 변화했으므로 정답은 ②이다.

요약하기

(1) decorate　　(2) web　　(3) silver　　(4) luck

요약 해석

우크라이나에서, 가난한 한 가족이 그들의 크리스마스트리를 장식할 수 없어서, 거미들이 거미줄을 만들었다. 그 거미줄은 금과 은이 되었다. 이제, 사람들은 행운을 위해 그들의 트리에 거미 장식품을 단다.

UNIT 10

Two Countries, One Town

본문 해석

p. 73

두 나라, 한 도시

바를러는 특별한 도시이다. 그것은 벨기에와 네덜란드 둘 다에 속해 있다. 국경은 독특하다. 당신은 땅바닥 위에 있는 십자 기호들을 볼 수 있다. 'B'가 있는 쪽은 벨기에다. 'NL'은 네덜란드다. 국경은 거리와 건물 사이로 이어진다. 그것은 집을 가로지르기도 한다. 이 집들은 어느 나라에 속하는가? 현관문을 봐라. 벨기에 집은 현관문이 벨기에에 있다. 네덜란드 집은 그것이 네덜란드에 있다. 두 나라는 이 도시를 평화롭게 공유한다.

직독직해

pp. 74-75

1 그것은 있다 / 둘 다에 / 벨기에 / 그리고 / 네덜란드

2 너는 볼 수 있다 / 십자 기호들을 / 땅바닥 위에

3 'B'가 있는 쪽은 ~이다 / 벨기에. 'NL'은 ~이다 / 네덜란드

4 그 국경은 이어진다 / 거리들 사이로 / 그리고 / 건물들 사이로

5 그것은 가로지르기도 한다 / 집들을
가리키는 말 찾기   국경

6 어느 나라 / 이 집들은 있는가 / ~에
가리키는 말 찾기   국경이 가로지르는 집들

7 봐라 / 현관문을

8 벨기에의 집은 가지고 있다 / 그것의 현관문을 / 벨기에에

9 네덜란드의 집은 가지고 있다 / 그것을 / 네덜란드에
가리키는 말 찾기   현관문

10 두 나라들은 공유한다 / 이 도시를 / 평화롭게

중심 내용

(1) 도시 　　(2) 국경 　　(3) 건물 　　(4) 문

문제 정답　　　　　　　　　　　　　　p. 77

1 ③ 　　　　**2** (1) T (2) F 　**3** ① 　　　　**4** ①

Up 전략 근거 찾기

2-(1) The border is unique. You can see crosses on the ground.
2-(2) A Belgian house has its front door in Belgium.

1 국경이 가로지르는 도시인 바를러에 관한 정보를 제공하는 글이므로 정답은 ③이다.

2 (1) 너는 땅바닥에 있는 국경을 볼 수 있다.
땅바닥 위에 십자 기호들로 나타낸 국경을 볼 수 있다고(The border is unique. You can see crosses on the ground.) 했으므로 글의 내용과 일치한다.

(2) 벨기에 집의 현관문은 네덜란드에 있다.
벨기에 집은 현관문이 벨기에에 있다고(A Belgian house has its front door in Belgium.) 했으므로 글의 내용과 일치하지 않는다.

3 바를러의 국경은 거리, 건물, 집을 가로지른다. 이를 통해 바를러 거리의 양쪽은 서로 다른 나라일 수 있다는 것을 추측할 수 있으므로 정답은 ①이다.

4 ① 벨기에　② 네덜란드　③ 벨기에와 네덜란드
국경이 집을 가로지르는 경우, 현관문 위치에 따라 그 집이 어느 나라에 속하는지 결정된다. 그림 속 집의 현관문은 벨기에를 나타내는 'B' 쪽에 있으므로 이 집은 벨기에에 속한다. 따라서 정답은 ①이다.

요약하기　　　　　　　　　　　　　　p. 77

(1) town 　　(2) border 　(3) building 　(4) door

요약 해석
바를러는 벨기에와 네덜란드 둘 다에 속해 있는 특별한 도시이다. 국경이 거리, 건물, 집도 가로지른다. 집이 속한 나라는 현관문의 위치에 따라 결정된다.

UNIT 11   A Prisoner's Invention

1 회독 · 따라 읽고 문해력 Up

본문 해석
p. 79

죄수의 발명품

당신은 이를 닦기 위해 헝겊을 사용하겠는가? 그러지 않길 바란다! 그러나 오래전에, 사람들은 그렇게 했다. 그때 윌리엄 애디스에게 더 좋은 생각이 있었다. 1770년에, 애디스는 영국의 감옥에 있었다. 그는 깨끗한 이를 원했다. 그러나 헝겊을 사용하고 싶지는 않았다. 어느 날 밤, 그는 저녁 식사에서 나온 뼈 하나를 남겨 두었다. 그는 그것에 작은 구멍들을 만들었다. 그다음에 그는 교도관에게 짧고 뻣뻣한 털 몇 가닥을 달라고 부탁했다. 그는 최초의 칫솔을 발명했다! 이제, 모두가 칫솔을 사용한다. 애디스의 작은 발명품이 세상을 바꿨다!

2 회독 · 끊어 읽고 문해력 Up

직독직해
pp. 80-81

1 너는 사용하겠는가 / 헝겊을 / 닦기 위해 / 너의 이들을

2 그러지 않길 바란다! 그러나 / 오래전에 / 사람들은 **했다**
헝겊으로 이를 닦았다 〔가리키는 말 찾기〕

3 그때 / 윌리엄 애디스는 가지고 있었다 / 더 좋은 생각을

4 1770년에 / 애디스는 있었다 / 영국의 감옥에

5 그는 원했다/깨끗한 이들을. 그러나/그는 원하지 않았다/사용하는 것을/헝겊을

6 어느 날 밤 / 그는 남겨 두었다 / 한 개의 뼈를 / 저녁 식사에서 나온

7 그는 만들었다 / 작은 구멍들을 / **그것**에
〔가리키는 말 찾기〕 한 개의 뼈

8 그다음에 / 그는 부탁했다 / 교도관에게 / 짧고 뻣뻣한 털 몇 가닥을

9 그는 발명했다 / 최초의 칫솔을

10 애디스의 **작은 발명품**은 바꿨다 / 세상을
〔가리키는 말 찾기〕 최초의 칫솔

중심 내용

(1) 이   (2) 감옥   (3) 뼈   (4) 칫솔

문제 정답

1 ②   **2** ②   **3** ①   **4** ②

Up 전략 근거 찾기

2-① In 1770, Addis was in a British prison.
2-③ One night, he kept a bone from dinner. Then he asked a guard for some bristles.

❶ 개인 구강 위생에 중대한 변화를 가져온, 세상을 바꾼 윌리엄 애디스의 칫솔 발명 아이디어에 관한 내용이다. 따라서 정답은 ②이다.

❷ ① 1770년에 애디스는 어디에 있었는가?
② 애디스는 감옥에서 저녁으로 무엇을 먹었는가?
③ 애디스는 최초의 칫솔을 만들기 위해 무엇을 사용했는가?
애디스가 감옥에서 저녁으로 무엇을 먹었는지에 관한 내용은 언급하지 않아 대답할 수 없으므로 정답은 ②이다.

❸ 애디스는 이를 깨끗하게 닦고 싶었지만, 헝겊을 사용하고 싶지는 않았다는 (He wanted clean teeth. But he didn't want to use a rag.) 부분에서, 헝겊으로는 이를 깨끗하게 닦기 어려웠다는 것을 추측할 수 있다. 따라서 정답은 ①이다.

❹ ① 헝겊 ② 뼈 ③ 짧고 뻣뻣한 털
애디스는 뼈에 구멍을 내고 짧고 뻣뻣한 털을 사용해 칫솔을 만들었다. 칫솔모 부분은 짧고 뻣뻣한 털로, 칫솔대 부분은 뼈로 만들었음을 알 수 있으므로 정답은 ②이다.

요약하기

(1) teeth   (2) prison   (3) bone   (4) toothbrush

요약 해석
1770년에, 윌리엄 애디스는 감옥에 있는 동안 깨끗한 이를 원했다. 그러나 그는 헝겊을 사용하고 싶지 않았고, 뼈와 짧고 뻣뻣한 털을 사용해 최초의 칫솔을 발명했다.

UNIT 12
The Myth of Multitasking

본문 해석

p. 85

멀티태스킹에 관한 근거 없는 믿음

당신은 동시에 몇 가지 일을 할 수 있는가? 한 가지 일은 별로 어렵지 않다. 그러나 두 가지 일은? 세 가지는? 이것이 바로 멀티태스킹이다. 여러 가지 일을 동시에 하는 것. 숙제를 하면서 음악을 들어라. TV를 보면서 그림을 그려라. 멋지게 들리는가? 그러나 문제가 있다. 멀티태스킹은 어렵다! 멀티태스킹은 당신의 일을 더 나쁘게 만든다. 그것은 또한 일이 더 오래 걸리게 만든다. 우리의 뇌는 동시에 많은 일을 할 수 없다. 그러니 기억해라! 딱 한 가지 일에만 집중해라. 당신의 뇌가 당신에게 고마워할 것이다.

직독직해

pp. 86-87

1 얼마나 많은 일들을 / 너는 할 수 있는가 / 동시에

2 한 가지 일은 ~이 아니다 / 너무 어려운. 그러나 / 두 가지 일들은? 세 가지는?

3 해라 / 숙제를 / 그리고 / 들어라 / 음악을

4 봐라 / TV를 / 그리고 / 그려라 / 그림을

5 그러나 / ~가 있다 / 문제. / 멀티태스킹은 ~이다 / 어려운

6 멀티태스킹은 만든다 / 너의 일을 / 더 나쁘게

7 그것은 또한 만든다 / 일이 / 걸리게 / 더 오래
↳ 가리키는 말 찾기 멀티태스킹

8 우리의 뇌들은 할 수 없다 / 많은 일들을 / 동시에

9 집중해라 / 딱 한 가지 일에

10 너의 뇌는 고마워할 것이다 / 너에게

중심 내용

(1) 다수   (2) 일   (3) 오래   (4) 뇌

문제 정답

1 ③   **2** ②   **3** ①   **4** ①

Up전략 근거 찾기

2-① This is multitasking. Doing multiple things at the same time.

2-③ Multitasking makes your work worse. It also makes work take longer.

❶ 글쓴이는 우리의 뇌는 동시에 많은 일을 할 수 없기 때문에 한 가지 일에만 집중하라고 주장한다. 따라서 정답은 ③이다.

❷ ① 멀티태스킹이 무엇을 의미하는지
② 멀티태스킹이 언제 시작되었는지
③ 멀티태스킹이 왜 나쁜지
멀티태스킹이 언제 시작되었는지에 관한 내용은 언급하지 않아 알 수 없으므로 정답은 ②이다.

❸ 멀티태스킹은 일의 질을 떨어뜨리고, 일을 완수하는 데 시간이 더 오래 걸리게 하는 부정적인 결과를 가져온다. 수업 중에 문자를 보내면, 수업 내용을 더 잘 이해할 수 있다는 것은 멀티태스킹의 결과가 아니므로 정답은 ①이다.

❹ ① 많은 - 적은   ② 그리다 - 그리다   ③ 동시에 - 동시에
②와 ③의 두 단어는 각각 유의 관계이고, ①의 두 단어는 반의 관계이므로 정답은 ①이다.

요약하기

(1) multiple   (2) work   (3) longer   (4) brain

요약 해석

멀티태스킹은 다수의 일을 동시에 하는 것이다. 멀티태스킹은 너의 일을 더 나쁘게 만들고 더 오래 걸리게 한다. 그러니, 한 가지 일에 집중해라. 그것이 너의 뇌에 더 좋다.

달콤한 Reading LITERACY

2 LEVEL

Workbook 정답

UNIT 1

Vegan Fashion Saves the Earth

Words II

A 1 hurt – 다치게 하다 2 planet – 행성 3 cactus – 선인장
4 eco-friendly – 친환경적인 5 product – 제품

B 1 turn into 2 Earth 3 problem 4 mushrooms

Sentences

A 1 made leather from plants
2 make lemonade from lemons
3 made a mask from paper

B 1 It helps animals and the Earth.
2 Some vegan leather uses too much plastic.
3 This vegan leather doesn't have plastic.

Organizer

A (1) 비건 가죽 (2) 동물 (3) 플라스틱
(4) 식물 (5) 파인애플

B 1 Vegan 2 uses 3 hurts 4 pineapple

UNIT 2

Head on a Plate

Words II

A 1 area – 부분 2 plate – 접시 3 trick – 묘기
4 surprise – 놀라게 하다 5 reflect – 반사하다

B 1 scary 2 through 3 sides 4 mirror

Sentences

A 1 Here is
2 Here is
3 Here is

B 1 You can't see under the table.
2 The man is just sitting under the table.
3 He puts his head through a hole.

Organizer

A (1) 접시 (2) 거울 (3) 아래
(4) 구멍 (5) 머리

B 1 magic 2 plate 3 sits 4 puts

UNIT 3 — Potato Chip Surprise

Words Ⅱ

(A)
1 send – 보내다　2 rude – 무례한　3 slice – (얇게) 썰다
4 crispy – 바삭바삭한　5 skilled – 숙련된

(B)
1 thinly　2 ordered　3 restaurant　4 complained

Sentences

(A)
1 teach the man a lesson
2 teach you a lesson
3 teach them a lesson

(B)
1 He made them very crispy.
2 He put a lot of salt on them.
3 Crum made the first potato chips.

Organizer

(A)
(1) 요리사　(2) 감자튀김　(3) 얇게
(4) 소금　(5) 감자칩

(B)
1 cook　2 fried　3 thinly　4 added

UNIT 4 — A Baby Penguin Robot

Words Ⅱ

(A)
1 in fact – 사실은　2 solution – 해결책　3 thankfully – 고맙게도
4 scared – 무서워하는　5 sometimes – 때때로

(B)
1 safely　2 cause　3 anymore　4 stressed

Sentences

(A)
1 to study
2 to play
3 to buy

(B)
1 But sometimes, the robots can cause problems.
2 They dressed a robot like a baby penguin.
3 The penguins aren't scared of it anymore.

Organizer

(A)
(1) 로봇　(2) 동물　(3) 스트레스
(4) 새끼　(5) 옷

(B)
1 Scientists　2 study　3 solution　4 dressing

UNIT 5 — The Giant Grandma of Jeju

Words II

A
1 stay – (계속) 남다   2 silk – 비단   3 giant – 거인
4 clothes – 옷   5 mainland – 본토

B
1 island   2 upset   3 bridge   4 wear

Sentences

A
1 too big to wear
2 too late to go
3 too hot to drink

B
1 I'll build a bridge to the mainland.
2 That wasn't enough for her clothes.
3 Seolmundae felt sad and upset.

Organizer

A
(1) 할머니   (2) 큰 옷   (3) 다리
(4) 99   (5) 섬

B
1 asked   2 big   3 build   4 stayed

UNIT 6 — Kiosks Everywhere

Words II

A
1 fewer – 더 적은   2 extra – 추가의   3 however – 하지만
4 worker – 직원   5 convenient – 편리한

B
1 hard   2 save   3 mistake   4 reduce

Sentences

A
1 without onions
2 without glasses
3 without his backpack

B
1 However, not everyone likes kiosks.
2 They can be hard to use.
3 They reduce jobs for people.

Organizer

A
(1) 대기 시간   (2) 가게   (3) 사용
(4) 일자리   (5) 편리

B
1 mistake   2 reduce   3 money   4 use

UNIT 7 — Eat It or Not?

Words II

A
1 still – 여전히　　2 faster – 더 빠른(빨리)　　3 stick – 붙다
4 germ – 세균　　5 moist – 촉촉한

B
1 work　　2 seconds　　3 instead　　4 dropped

Sentences

A
1 Try to be
2 try to eat
3 try to clean

B
1 This rule doesn't work with moist food.
2 So don't eat fruit off the floor.
3 Even in three seconds, it will have germs.

Organizer

A
(1) 세균　　(2) 3　　(3) 세균
(4) 촉촉한　　(5) 과일

B
1 tested　　2 fewer　　3 germs　　4 faster

UNIT 8 — Denmark's Naming Rules

Words II

A
1 pick – 고르다　　2 spell – 철자를 쓰다　　3 parent – 부모
4 Danish – 덴마크의　　5 unusual – 특이한

B
1 safe　　2 strange　　3 list　　4 protect

Sentences

A
1 must get
2 must brush
3 must practice

B
1 They choose from a list of 7,000 names.
2 These rules protect kids from strange names.
3 Danish kids feel safe with their names.

Organizer

A
(1) 부모　　(2) 목록　　(3) 철자
(4) 남자　　(5) 스트레스

B
1 Denmark　　2 choose　　3 easy　　4 unusual

UNIT 9 — The Spider's Christmas Gift

Words Ⅱ

ⓐ 1 web – 거미줄   2 silver – 은   3 Ukraine – 우크라이나
4 beautiful – 아름다운   5 decoration – 장식품

ⓑ 1 shiny   2 poor   3 amazed   4 decorate

Sentences

ⓐ 1 looked beautiful
2 look tired
3 looked delicious

ⓑ 1 They wanted to decorate their Christmas tree.
2 The spiders made shiny webs on the tree.
3 The webs turned into gold and silver.

Organizer

ⓐ (1) 우크라이나   (2) 크리스마스트리   (3) 거미줄
(4) 금   (5) 장식품

ⓑ 1 family   2 Christmas   3 gold   4 decorations

UNIT 10 — Two Countries, One Town

Words Ⅱ

ⓐ 1 both – 둘 다   2 Dutch – 네덜란드의   3 cross – 십자 기호
4 share – 공유하다   5 border – 국경

ⓑ 1 ground   2 cuts through   3 country   4 peacefully

Sentences

ⓐ 1 Which country
2 Which book
3 Which animal

ⓑ 1 You can see crosses on the ground.
2 The border runs through streets and buildings.
3 A Belgian house has its front door in Belgium.

Organizer

ⓐ (1) 십자   (2) 건물   (3) 집
(4) 현관문   (5) 네덜란드

ⓑ 1 both   2 runs   3 streets   4 country

UNIT 11 — A Prisoner's Invention

Words II

Ⓐ
1 rag – 헝겊 2 guard – 교도관 3 British – 영국의
4 invention – 발명품 5 toothbrush – 칫솔

Ⓑ
1 prison 2 holes 3 bone 4 invented

Sentences

Ⓐ
1 asked a guard for some bristles
2 asked his brother for a book
3 asked her mom for a sandwich

Ⓑ
1 Would you use a rag to clean your teeth?
2 One night, he kept a bone from dinner.
3 He made little holes in it.

Organizer

Ⓐ
(1) 헝겊 (2) 이 (3) 감옥
(4) 구멍 (5) 칫솔

Ⓑ
1 clean 2 rag 3 bristles 4 invent

UNIT 12 — The Myth of Multitasking

Words II

Ⓐ
1 brain – 뇌 2 thank – 고마워하다 3 worse – 더 나쁜
4 at once – 동시에 5 listen – 듣다

Ⓑ
1 task 2 take 3 at the same time 4 multiple

Sentences

Ⓐ
1 makes work take
2 makes me dance
3 makes us laugh

Ⓑ
1 How many things can you do at once?
2 One task is not too hard.
3 Our brains can't do many things at once.

Organizer

Ⓐ
(1) 동시에 (2) 시간 (3) 뇌
(4) 한 (5) 집중

Ⓑ
1 multiple 2 once 3 take 4 focus

달콤한 Reading LITERACY

2 LEVEL

직독직해
Worksheet 정답

UNIT 1

Vegan Fashion Saves the Earth

1. Check out / our vegan leather! It is not / from animals.
2. It helps / animals / and / the Earth.
3. Some vegan leather uses / too much plastic.
4. That can be / a problem.
5. Plastic can hurt / our planet.
6. We made / leather / from plants.
7. Mushrooms make / great shoes.
8. And / cactuses turn into / belts!
9. This vegan leather doesn't have / plastic.
10. They are / stylish / and / eco-friendly!

UNIT 2

Head on a Plate

1. Here's / my magic trick.
2. It's / a man's head / on a plate.
3. But / look / closely! This table is / special.
4. It has / mirrors / on the sides.
5. They reflect / the area / around them.
6. So / you can't see / under the table.
7. The man is just sitting / under the table.
8. And / he puts / his head / through a hole.
9. He is / totally fine.
10. Try / this fun trick / and / surprise / your friends!

UNIT 3 — Potato Chip Surprise

1. In New York, / there was / a restaurant.

2. George Crum was / a skilled cook / there.

3. One day, / a rude man ordered / fried potatoes.

4. He complained, / "Too thick! Too soft!"

5. Crum wanted / to teach / the man / a lesson.

6. He sliced / the potatoes / very thinly.

7. He made / them / very crispy.

8. He put / a lot of salt / on them.

9. The man loved / them. He wanted / more!

10. So, / Crum made / the first potato chips.

UNIT 4 — A Baby Penguin Robot

1. Don't worry, / penguins! The robots are / here / to help!

2. Scientists use / robots / to study / penguins / in Antarctica.

3. But / sometimes, / the robots can cause / problems.

4. Robots don't look / like animals.

5. So / penguins can feel / stressed / around them.

6. Thankfully, / the scientists found / a solution.

7. They dressed / a robot / like a baby penguin!

8. The penguins aren't / scared / of it / anymore.

9. In fact, / some penguins sing / to it!

10. Now, / the scientists can study / the penguins / safely.

UNIT 5
The Giant Grandma of Jeju

1. Once, / a giant grandma, "Seolmundae," lived / in Jeju.

2. She was / too big / to wear / clothes.

3. The grandma told / the people, / "Make / me / big clothes."

4. "Then / I'll build / a bridge / to the mainland."

5. The people worked / hard.

6. They needed / 100 big rolls / of silk. They only found / 99.

7. That wasn't / enough / for her clothes.

8. Seolmundae felt / sad / and / upset.

9. She didn't build / the bridge.

10. And so, / Jeju stayed / an island.

UNIT 6
Kiosks Everywhere

1. Yesterday, / I used / a kiosk / to order / a sandwich.

2. I wanted / it / without onions.

3. But / I added / extra onions.

4. There are / many kiosks / around us.

5. They can reduce / waiting times.

6. And / stores can save / money / with fewer workers.

7. However, / not / everyone likes / kiosks.

8. They can be / hard / to use. Just look at / my mistake!

9. Also, / they reduce / jobs / for people.

10. They are / convenient, / but / not / for everyone.

UNIT 7   Eat It or Not?

1. I dropped / my cookie!
2. Is the five-second rule / true? Can I still eat / it?
3. Yes, / you can! NASA tested / this.
4. But / try / to be / faster. Germs are / very slow.
5. So / pick it up / in three seconds / instead.
6. Then / fewer germs can stick / to it.
7. However, / this rule doesn't work / with moist food.
8. Germs stick / to moist food / faster. They love / water.
9. So / don't eat / fruit / off the floor.
10. Even / in three seconds, / it will have / germs.

UNIT 8   Denmark's Naming Rules

1. What / is your name?
2. Did your parents pick / something special / for you?
3. In some places, / there are / special naming rules.
4. In Denmark, / parents cannot pick / any name.
5. They choose / from a list / of 7,000 names.
6. The names are / all easy / to spell.
7. Also, / boys must get / boy names.
8. These rules protect / kids / from strange names.
9. Kids / with unusual names / might get / stressed.
10. But, / Danish kids feel / safe / with their names.

UNIT 9 — The Spider's Christmas Gift

1. Long ago, / there was / a poor family / in Ukraine.
2. They wanted / to decorate / their Christmas tree.
3. But / they had / no money. It was / Christmas Eve night.
4. Little spiders came / into the house.
5. They saw / the tree / and / wanted / to help.
6. The spiders made / shiny webs / on the tree.
7. In the morning, / the family was / amazed.
8. The webs turned into / gold / and / silver!
9. The tree looked / so beautiful.
10. Ukrainian people put / spider decorations / on trees.

UNIT 10 — Two Countries, One Town

1. It is / in both / Belgium / and / the Netherlands.
2. You can see / crosses / on the ground.
3. The side with "B" is / Belgium. "NL" is / the Netherlands.
4. The border runs / through streets / and / buildings.
5. It even cuts through / houses.
6. Which country / are these houses / in?
7. Look at / the front door.
8. A Belgian house has / its front door / in Belgium.
9. A Dutch house has / it / in the Netherlands.
10. Two countries share / this town / peacefully.

UNIT 11 — A Prisoner's Invention

1. **Would** you **use** / a rag / to clean / your teeth?

2. Hopefully not! But / long ago, / people **did**.

3. Then / William Addis **had** / a better idea.

4. In 1770, / Addis **was** / in a British prison.

5. He **wanted** / clean teeth. But / he **didn't want** / to use / a rag.

6. One night, / he **kept** / a bone / from dinner.

7. He **made** / little holes / in it.

8. Then / he **asked** / a guard / for some bristles.

9. He **invented** / the first toothbrush!

10. Addis's small invention **changed** / the world!

UNIT 12 — The Myth of Multitasking

1. How many things / **can** you **do** / at once?

2. One task **is** not / too hard. But / two tasks? Three?

3. **Do** / homework / and / **listen** / to music.

4. **Watch** / TV / and / **draw** / a picture.

5. But / **there's** / a problem. Multitasking **is** / hard!

6. Multitasking **makes** / your work / worse.

7. It also **makes** / work / take / longer.

8. Our brains **can't do** / many things / at once.

9. **Focus** / on just one thing.

10. Your brain **will thank** / you.

NE능률

초등 필수 문법만 빠르게,
반복 학습으로 확실하게!

교재구성
미리
보기

시리즈 구성

1
2
3
4
5
6

1 초등 단계에 꼭 필요한 문법 선별
도식과 예문 중심의 간결한 설명으로
빠르게 영문법 기초 학습 가능

2 다양한 유형의 연습문제 수록
• 실제 단원평가, 진단평가 유형과 유사한 Review Test 제공
• 실전 TEST, 총괄평가 문제 풀이로 실전 자신감 향상

3 반복적 문법 연습을 위한 워크북 제공
많은 양의 문제를 반복 연습하여 문법 기초 다지기

BOOK LIST

도/서/목/록

해당 교재와 연계되는 시리즈

초등 초등영어 된다 시리즈

초등영어
리딩이 된다

교과 내용을 영어로 쉽고 재미있게
학습하는 초등 독해서
START 1 | 2 | 3 | 4
BASIC 1 | 2 | 3 | 4
JUMP 1 | 2 | 3 | 4

초등영어
문법이 된다

초등 교육과정을 기반으로 한 영문법 학습서
Starter 1 | Starter 2 | 1 | 2

초등영어
단어가 된다

교육부 권장 초등 필수 영단어 학습서
1 | 2 | 3 | 4

초등영어
파닉스가 된다

알파벳 음가 블랜딩 연습을 통해
읽기 유창성을 기르는 파닉스 학습서
1 | 2

초등영어
사이트 워드가 된다

영어 읽기 독립을 위한 사이트 워드 학습서
1 | 2

독해

Reading TUTOR 리딩튜터

10단계 초·중·고등 독해 프로그램
Starter 1 | 2 | 3
Junior 1 | 2 | 3 | 4
리딩튜터 입문 | 기본 | 실력 | 수능PLUS

달곰한 LITERACY (Reading)

초등학생을 위한 문해력 기본서
LEVEL 1 | 2 | 3
LEVEL 4 | 5 | 6

READING BUDDY

초등학생을 위한 독해 입문서
1 | 2 | 3
Grammar Buddy | Listening Buddy

어휘

주니어 능률 VOCA

대한민국 중등 어휘 교재의 표준
Starter 1 | Starter 2 |
입문 | 기본 | 실력 | 숙어

3회독 학습법

Read
Think
Write

달달 읽고 곰곰 생각하는

달곰한

80 Words

2 LEVEL

LITERACY

Reading

Workbook

NE 능률

달콤한 LITERACY

Reading

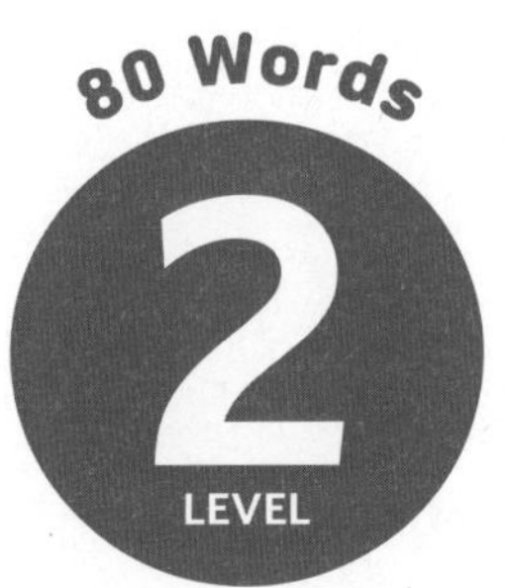

Workbook

Vegan Fashion Saves the Earth

Words I
단어의 우리말 의미와 철자를 쓰면서 외워 보세요.

단어	의미 쓰기	따라 말하면서 철자 세 번 쓰기
Earth	명 지구 지구	Earth
plastic	명 플라스틱	
problem	명 문제	
hurt	동 다치게 하다	
planet	명 행성	
mushroom	명 버섯	
cactus	명 선인장	
turn into	~이 되다	
product	명 제품	
eco-friendly	형 친환경적인	
save	동 구하다	
answer	명 해결책	
plant	명 식물	
leaf	명 잎	
stylish	형 멋진	

Words Ⅱ

Ⓐ 단어와 우리말 의미를 연결하고, 빈칸에 단어를 쓰세요.

1 hurt · · 행성 ▸ ____________

2 planet · · 선인장 ▸ ____________

3 cactus · · 친환경적인 ▸ ____________

4 eco-friendly · · 제품 ▸ ____________

5 product · · 다치게 하다 ▸ ____________

Ⓑ 우리말 의미에 맞게 빈칸에 알맞은 단어를 **보기**에서 찾아 쓰세요.

보기
Earth　　　mushrooms　　　problem　　　turn into

1 The rain will ______________ snow at night.

비는 밤에 눈이 될 것이다.

2 We need to protect the __________.

우리는 지구를 보호해야 한다.

3 I have a __________ with my best friend.

나는 제일 친한 친구와 문제가 있다.

4 She bought some __________ for the soup.

그녀는 수프에 넣을 버섯들을 조금 샀다.

A 우리말 의미에 맞게 괄호 안의 말을 이용해 문장을 완성하세요.

> **Up전략** 핵심 구문 익히기 | make+사물+from+재료 ~을 …으로 만들다
>
> '만들다'라는 의미의 동사 make는 <make+사물(목적어)+from+재료> 형태로 쓰일 때 '~을 …으로 만들다'라는 의미를 나타낸다. 물건이나 제품을 특정 재료로 만드는 경우에 쓰인다. make의 과거형은 made이다.

1 우리는 가죽을 식물들로 만들었다. (leather, plants)

> We ＿＿＿＿＿ ＿＿＿＿＿ ＿＿＿＿＿ ＿＿＿＿＿.

2 그들은 레모네이드를 레몬들로 만든다. (lemonade, lemons)

> They ＿＿＿＿＿ ＿＿＿＿＿＿＿ ＿＿＿＿＿ ＿＿＿＿＿.

3 그녀는 마스크를 종이로 만들었다. (a mask, paper)

> She ＿＿＿＿＿ ＿＿＿＿＿ ＿＿＿＿＿ ＿＿＿＿＿ ＿＿＿＿＿.

B 우리말 의미에 맞게 주어진 말을 바르게 배열하세요.

1 그것은 동물들과 지구를 돕는다.

(animals / it helps / the Earth / and)

＿＿＿＿＿＿＿＿＿＿＿＿＿＿＿＿＿＿＿＿＿

2 몇몇 비건 가죽은 너무 많은 플라스틱을 사용한다.

(too much plastic / uses / vegan leather / some)

＿＿＿＿＿＿＿＿＿＿＿＿＿＿＿＿＿＿＿＿＿

3 이 비건 가죽은 플라스틱을 가지고 있지 않다.

(vegan leather / plastic / doesn't have / this)

＿＿＿＿＿＿＿＿＿＿＿＿＿＿＿＿＿＿＿＿＿

Organizer

A 빈칸에 알맞은 말을 넣어 표를 완성하세요.

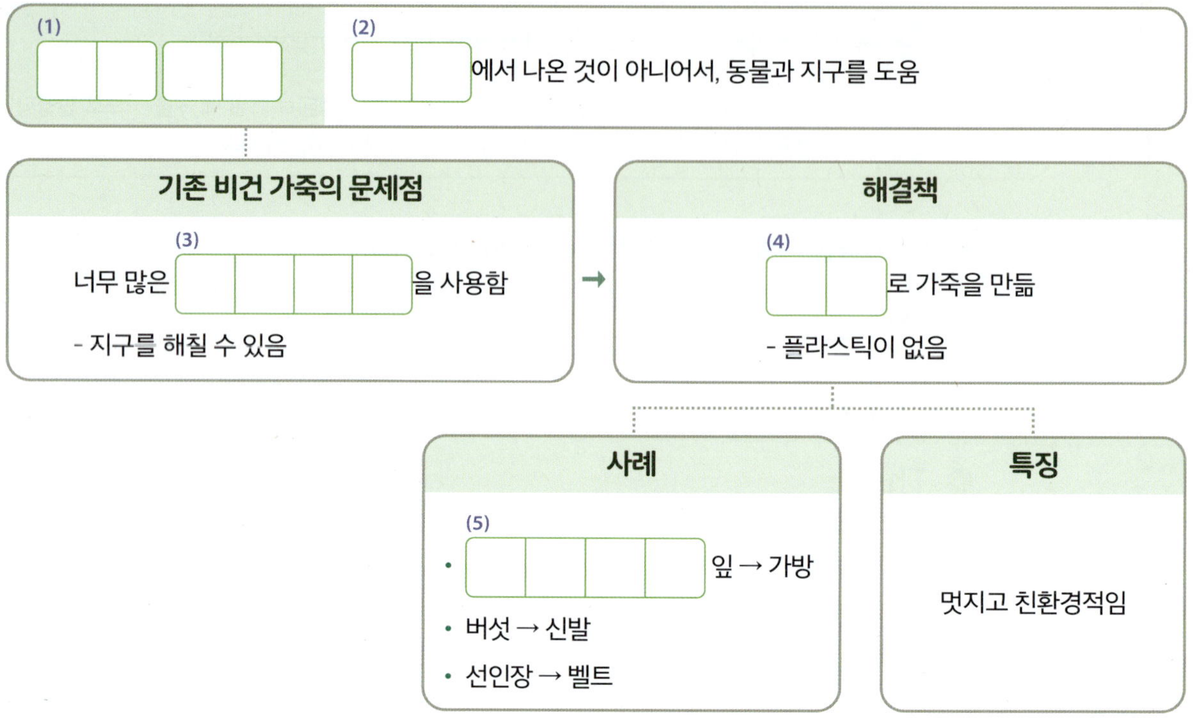

B 빈칸에 알맞은 단어를 **보기**에서 찾아 쓰세요.

보기
uses   vegan   pineapple   hurts

1 __________ leather is not from animals. Some vegan leather

2 __________ too much plastic and **3** __________ our planet, but

ours is made from plants like **4** __________ leaves, mushrooms, and

cactuses.

내 생각 정리하기   비건 가죽으로 만들고 싶은 제품을 써 보세요.

Head on a Plate

Words I

단어의 우리말 의미와 철자를 쓰면서 외워 보세요.

단어	의미 쓰기	따라 말하면서 철자 세 번 쓰기
trick	몡 묘기	
plate	몡 접시	
scary	혱 무서운	
closely	묀 자세히	
mirror	몡 거울	
side	몡 옆면	
reflect	동 반사하다	
area	몡 부분	
through	젠 ~을 통해	
surprise	동 놀라게 하다	
magic	혱 마술의	
around	젠 주위에	
totally	묀 아주	
magician	몡 마술사	
lie	동 누워 있다	

A 단어와 우리말 의미를 연결하고, 빈칸에 단어를 쓰세요.

1 area • • 접시 › ____________

2 plate • • 놀라게 하다 › ____________

3 trick • • 반사하다 › ____________

4 surprise • • 부분 › ____________

5 reflect • • 묘기 › ____________

B 우리말 의미에 맞게 빈칸에 알맞은 단어를 보기에서 찾아 쓰세요.

| 보기 |

mirror   scary   sides   through

1 This movie is ____________.

이 영화는 무섭다.

2 The train passed ____________ the tunnel.

기차는 터널을 통해 지나갔다.

3 She painted all the ____________ of the house.

그녀는 집의 모든 옆면을 칠했다.

4 He looked at his face in the ____________.

그는 거울 속의 자기 얼굴을 봤다.

A 우리말 의미에 맞게 문장을 완성하세요.

> **Up 전략** 핵심 구문 익히기 | here is 이제 ~을 하겠습니다
>
> here is는 '이제 ~을 하겠습니다', '그럼 ~입니다'라는 의미로, 다음 내용을 소개할 때 쓰인다.
> 다른 사람에게 어떤 것을 보여주거나 주목을 끌고자 할 때는 '바로 이게 ~이다', '여기 ~가 있다'로 해석되기도 한다.

1 이제 나의 마술 묘기를 보여주겠습니다.

➚ _______________ _______________ my magic trick.

2 그럼 오늘의 뉴스를 전해 드리겠습니다.

➚ _______________ _______________ today's news.

3 바로 이게 내가 가장 좋아하는 영화이다.

➚ _______________ _______________ my favorite movie.

B 우리말 의미에 맞게 주어진 말을 바르게 배열하세요.

1 너는 테이블 아래를 볼 수 없다.

(the table / you / under / can't see)

____

2 그 남자는 그냥 테이블 아래에 앉아 있을 뿐이다.

(just sitting / is / under the table / the man)

____

3 그는 구멍을 통해 그의 머리를 넣는다.

(his head / he / through a hole / puts)

____

A 빈칸에 알맞은 말을 넣어 표를 완성하세요.

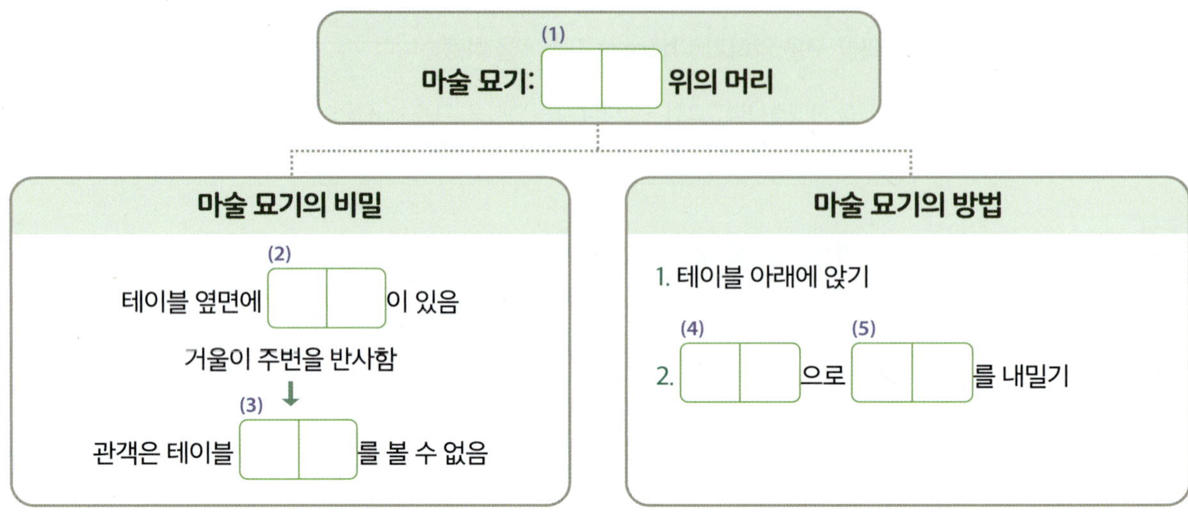

B 빈칸에 알맞은 단어를 **보기**에서 찾아 쓰세요.

보기
puts   plate   magic   sits

Here's a **1** __________ trick: a man's head on a **2** __________! The

table has mirrors to reflect around the table. The man **3** __________

under the table and **4** __________ his head through a hole.

친구들을 놀라게 할 수 있는 재미있는 아이디어를 써 보세요.

Potato Chip Surprise

Words I

단어의 우리말 의미와 철자를 쓰면서 외워 보세요.

단어	의미 쓰기	따라 말하면서 철자 세 번 쓰기
restaurant	명 식당	
skilled	형 숙련된	
rude	형 무례한	
order	동 주문하다	
complain	동 불평하다	
send	동 보내다	
lesson	명 교훈	
slice	동 (얇게) 썰다	
thinly	부 얇게	
crispy	형 바삭바삭한	
cook	명 요리사	
thick	형 두꺼운	
teach	동 가르치다	
pleased	형 기쁜	
confused	형 혼란스러운	

Words Ⅱ

A 단어와 우리말 의미를 연결하고, 빈칸에 단어를 쓰세요.

1 send • • 숙련된 ＞ __________

2 rude • • 보내다 ＞ __________

3 slice • • 무례한 ＞ __________

4 crispy • • (얇게) 썰다 ＞ __________

5 skilled • • 바삭바삭한 ＞ __________

B 우리말 의미에 맞게 빈칸에 알맞은 단어를 **보기**에서 찾아 쓰세요.

보기

| complained | restaurant | ordered | thinly |

1 Slice the carrots ___________ .

당근들을 얇게 썰어라.

2 My sister ___________ a new book.

나의 여동생은 새 책을 주문했다.

3 We went to a ___________ for dinner.

우리는 저녁을 먹으러 식당에 갔다.

4 They ___________ about the noise in the library.

그들은 도서관에서 소음에 대해 불평했다.

Sentences

A 우리말 의미에 맞게 괄호 안의 말을 이용해 문장을 완성하세요.

> **Up 전략** 핵심 구문 익히기 | **teach+사람+a lesson** ~에게 교훈을 주다
>
> '가르치다'라는 의미의 동사 **teach**는 <teach+사람(목적어)+a lesson> 형태로 쓰일 때 '~에게 교훈을 주다'라는 의미를 나타낸다. '(무엇을 하지 않도록 호되게) ~을 혼내 주다'와 같은 부정적인 의미로 해석되기도 한다.

1 그는 그 남자에게 교훈을 주고 싶었다. (the man)

❯ He wanted to ___________ _______ _______ _______ ___________.

2 이 실수는 너에게 교훈을 줄 것이다. (you)

❯ This mistake will ___________ _______ _______ ___________.

3 우리는 그들에게 나눔에 관한 교훈을 주어야 한다. (them)

❯ We should ___________ _______ _______ __________ about sharing.

B 우리말 의미에 맞게 주어진 말을 바르게 배열하세요.

1 그는 그것들을 아주 바삭바삭하게 만들었다.

(very crispy / he / them / made)

____

2 그는 그것들 위에 많은 소금을 뿌렸다.

(a lot of salt / he / on them / put)

____

3 크럼은 최초의 감자칩을 만들었다.

(potato chips / Crum / made / the first)

____

Organizer

A 빈칸에 알맞은 말을 넣어 표를 완성하세요.

사건의 배경	조지 크럼은 뉴욕의 한 식당에서 (1) [ ] 로 일하고 있었음

↓

문제 발생	(2) [ ] 을 주문한 남자가 너무 두껍고, 부드럽다며 불평했음

↓

대처 방법	크럼은 화가 나서, 손님을 혼내 주기로 했음 - 감자를 아주 (3) [ ] 썰어 바삭바삭하게 튀겼음 - (4) [ ] 을 많이 뿌려서 제공했음

↓

결말	그 남자는 크럼의 요리를 매우 좋아했고, 최초의 (5) [ ] 이 만들어짐

B 빈칸에 알맞은 단어를 **보기**에서 찾아 쓰세요.

보기
added   thinly   cook   fried

George Crum was a **1** __________ in a New York restaurant. One day, a man complained about **2** __________ potatoes. Crum sliced them **3** __________ and **4** __________ salt. It was the first potato chips.

 조지 크럼이 감자칩을 만든 이야기에서 느낀 점을 써 보세요.

A Baby Penguin Robot

Words I
단어의 우리말 의미와 철자를 쓰면서 외워 보세요.

단어	의미 쓰기	따라 말하면서 철자 세 번 쓰기
sometimes	부 때때로	
cause	동 일으키다	
stressed	형 스트레스를 받는	
thankfully	부 고맙게도	
solution	명 해결책	
dress	동 옷을 입히다	
scared	형 무서워하는	
anymore	부 더 이상	
in fact	사실은	
safely	부 안전하게	
worry	동 걱정하다	
study	동 연구하다	
feel	동 느끼다	
slow	형 느린	
move	동 움직이다	

Words Ⅱ

A 단어와 우리말 의미를 연결하고, 빈칸에 단어를 쓰세요.

1	in fact	•	•	때때로	❯ _______________
2	solution	•	•	무서워하는	❯ _______________
3	thankfully	•	•	사실은	❯ _______________
4	scared	•	•	해결책	❯ _______________
5	sometimes	•	•	고맙게도	❯ _______________

B 우리말 의미에 맞게 빈칸에 알맞은 단어를 **보기**에서 찾아 쓰세요.

┤ **보기** ├

anymore	cause	safely	stressed

1 They arrived home ______________ .

그들은 안전하게 집에 도착했다.

2 The virus can ______________ many illnesses.

그 바이러스는 많은 질병을 일으킬 수 있다.

3 I don't want to talk to her ______________ .

나는 더 이상 그녀와 말하고 싶지 않다.

4 He feels ______________ about money.

그는 돈에 관해 스트레스를 받는다.

Sentences

A 우리말 의미에 맞게 괄호 안의 말을 이용해 문장을 완성하세요.

> **Up전략** 핵심 구문 익히기 | 부사처럼 쓰이는 to부정사 ~하기 위해
>
> to부정사는 <to+동사원형> 형태로 쓰이며, '~하기 위해'라는 의미로 부사처럼 쓰인다.
> 이때 to부정사는 동사를 수식하며, 동작의 목적이나 이유를 설명해 준다.

1 과학자들은 펭귄들을 연구하기 위해 로봇들을 이용한다. (study)

> Scientists use robots ___________ __________ penguins.

2 그들은 축구를 하기 위해 밖으로 나갔다. (play)

> They went outside __________ _________ soccer.

3 우리는 새로운 컴퓨터를 사기 위해 돈을 모은다. (buy)

> We save money __________ _________ a new computer.

B 우리말 의미에 맞게 주어진 말을 바르게 배열하세요.

1 그러나 때때로, 로봇들은 문제들을 일으킬 수 있다.

(problems / but sometimes, / can cause / the robots)

____

2 그들은 로봇에게 새끼 펭귄처럼 옷을 입혔다.

(a robot / they / like a baby penguin / dressed)

____

3 펭귄들은 더 이상 그것을 무서워하지 않는다.

(scared of / the penguins / it anymore / aren't)

____

A 빈칸에 알맞은 말을 넣어 표를 완성하세요.

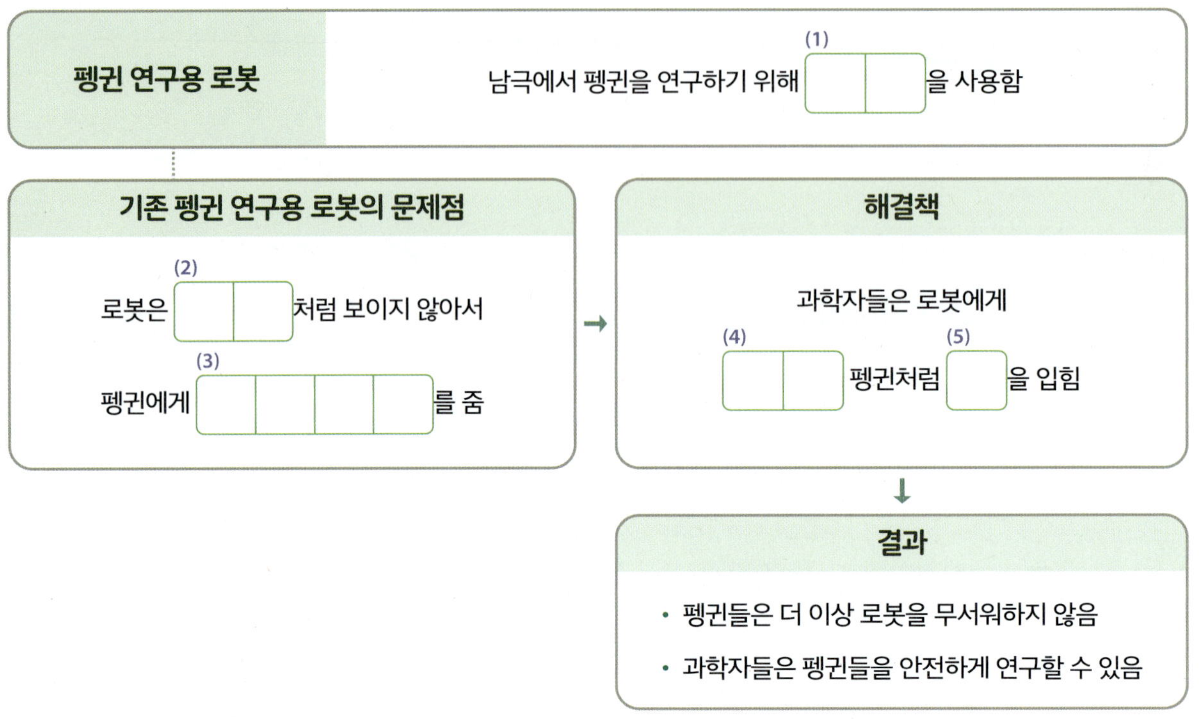

B 빈칸에 알맞은 단어를 **보기**에서 찾아 쓰세요.

보기
dressing   scientists   study   solution

1 ___________ use robots to **2** ___________ penguins, but robots don't look like animals. Scientists found a **3** ___________ by **4** ___________ the robots to look like baby penguins. Now, they can study penguins safely.

동물과 친해질 수 있는 로봇을 만든다면 어떤 모습일지 써 보세요.

The Giant Grandma of Jeju

Words I

단어의 우리말 의미와 철자를 쓰면서 외워 보세요.

단어	의미 쓰기	따라 말하면서 철자 세 번 쓰기		
giant	몡 거인			
live	동 살다			
wear	동 입고 있다			
clothes	몡 옷			
bridge	몡 다리			
mainland	몡 본토			
silk	몡 비단			
upset	혱 속상한			
stay	동 (계속) 남다			
island	몡 섬			
build	동 짓다			
work	동 일하다			
hard	뷔 열심히			
need	동 필요로 하다			
enough	혱 충분한			

Ⓐ 단어와 우리말 의미를 연결하고, 빈칸에 단어를 쓰세요.

1	stay	•	•	옷	⊳ _____________
2	silk	•	•	거인	⊳ _____________
3	giant	•	•	본토	⊳ _____________
4	clothes	•	•	(계속) 남다	⊳ _____________
5	mainland	•	•	비단	⊳ _____________

Ⓑ 우리말 의미에 맞게 빈칸에 알맞은 단어를 **보기**에서 찾아 쓰세요.

보기
bridge　　island　　upset　　wear

1 I want to live on a small ___________.

나는 작은 섬에서 살고 싶다.

2 He is very ___________ about the bad news.

그는 나쁜 소식 때문에 매우 속상하다.

3 This is the only ___________ to the city.

이것은 도시로 가는 유일한 다리이다.

4 They ___________ jackets on cold days.

그들은 추운 날에 재킷을 입는다.

A 우리말 의미에 맞게 괄호 안의 말을 이용해 문장을 완성하세요.

> **Up전략** 핵심 구문 익히기 | too+형용사+to부정사 ~하기에는 너무 …하다
>
> '너무 ~한'이라는 의미의 **too**는 <too+형용사+to부정사> 형태로 쓰일 때 '**~하기에는 너무 …하다**'라는 의미를 나타낸다.
> too는 부정의 의미를 가지고 있으므로, '**너무 …해서 ~할 수 없다**'로 해석되기도 한다.
> 이때 to부정사는 '~하기 위해'가 아니라 '~할 수 없다'로 해석해야 한다.

1 그녀는 옷을 입기에는 너무 컸다. (big, wear)

> ❯ She was ______________ ______________ ______________ ______________ clothes.

2 지금 나가기에는 너무 늦었다. (late, go)

> ❯ It's ______________ ______________ ______________ ______________ out now.

3 그 차는 너무 뜨거워서 마실 수 없다. (hot, drink)

> ❯ The tea is ______________ ______________ ______________ ______________ .

B 우리말 의미에 맞게 주어진 말을 바르게 배열하세요.

1 나는 본토까지 가는 다리를 지을 것이다.

(to the mainland / I'll / a bridge / build)

____

2 그것은 그녀의 옷에 충분하지 않았다.

(enough for / wasn't / her clothes / that)

____

3 설문대는 슬프고 속상했다.

(sad / Seolmundae / and upset / felt)

____

A 빈칸에 알맞은 말을 넣어 표를 완성하세요.

배경	제주에 살던 거인 **(1)** ⬚⬚ '설문대'는 너무 커서 옷을 입을 수 없었음

↓

할머니의 제안	할머니는 사람들에게 **(2)** ⬚을 만들어 주면 본토까지 가는 **(3)** ⬚를 지어 주겠다고 약속했음

↓

문제 발생	사람들은 열심히 일했고, 큰 비단 두루마리 100개가 필요했지만, 겨우 **(4)** ⬚개만 찾아서 옷을 만들 비단이 부족했음

↓

결말	할머니는 속상해서 다리를 짓지 않았고, 제주는 **(5)** ⬚으로 남게 됨

B 빈칸에 알맞은 단어를 **보기**에서 찾아 쓰세요.

┤ 보기 ├

build	asked	stayed	big

Seolmundae, a giant grandma, lived in Jeju. She **1** __________ people to make her **2** __________ clothes, promising to **3** __________ a bridge to the mainland. But there wasn't enough silk, so Jeju **4** __________ an island.

비단이 부족해 옷을 만들지 못한 문제를 어떻게 해결할지 써 보세요.

Kiosks Everywhere

단어의 우리말 의미와 철자를 쓰면서 외워 보세요.

단어	의미 쓰기	따라 말하면서 철자 세 번 쓰기
extra	형 추가의	
reduce	동 줄이다	
waiting time	대기 시간	
save	동 절약하다	
fewer	형 더 적은	
worker	명 직원	
however	부 하지만	
hard	형 어려운	
mistake	명 실수	
convenient	형 편리한	
kiosk	명 키오스크	
everywhere	부 모든 곳에	
without	전 ~ 없이	
money	명 돈	
surprised	형 놀란	

A 단어와 우리말 의미를 연결하고, 빈칸에 단어를 쓰세요.

1 fewer · · 추가의 › ___________

2 extra · · 직원 › ___________

3 however · · 편리한 › ___________

4 worker · · 하지만 › ___________

5 convenient · · 더 적은 › ___________

B 우리말 의미에 맞게 빈칸에 알맞은 단어를 **보기**에서 찾아 쓰세요.

보기
reduce   hard   mistake   save

1 This puzzle is ___________ to solve.

이 퍼즐은 풀기 어렵다.

2 Recycling can ___________ energy.

재활용은 에너지를 절약할 수 있다.

3 He learned a lot from his ___________.

그는 그의 실수에서 많이 배웠다.

4 Painting can help ___________ stress.

그림 그리기는 스트레스를 줄이는 데 도움이 될 수 있다.

Sentences

 **A** 우리말 의미에 맞게 괄호 안의 말을 이용해 문장을 완성하세요.

> **Up전략** 핵심 구문 익히기 | without+없는 요소 ~ 없이
>
> 부재를 나타내는 전치사 without은 '~ **없이**'라는 의미로, 부재나 결핍을 나타낼 때 쓰인다.
> <without+**없는 요소**> 형태로 쓰인다.

1 나는 양파 없는 샌드위치를 원했다. (onions)

> I wanted a sandwich ____________ ____________.

2 그녀는 안경 없이 책을 읽었다. (glasses)

> She read the book ____________ ____________.

3 그는 가방 없이 학교에 갔다. (his backpack)

> He went to school ____________ ____________ ____________.

B 우리말 의미에 맞게 주어진 말을 바르게 배열하세요.

1 하지만, 모두가 키오스크를 좋아하는 것은 아니다.

(kiosks / not / however, / everyone likes)

____

2 그것들은 사용하기에 어려울 수 있다.

(to use / they / hard / can be)

____

3 그것들은 사람들을 위한 일자리를 줄인다.

(jobs / they / for people / reduce)

____

A 빈칸에 알맞은 말을 넣어 표를 완성하세요.

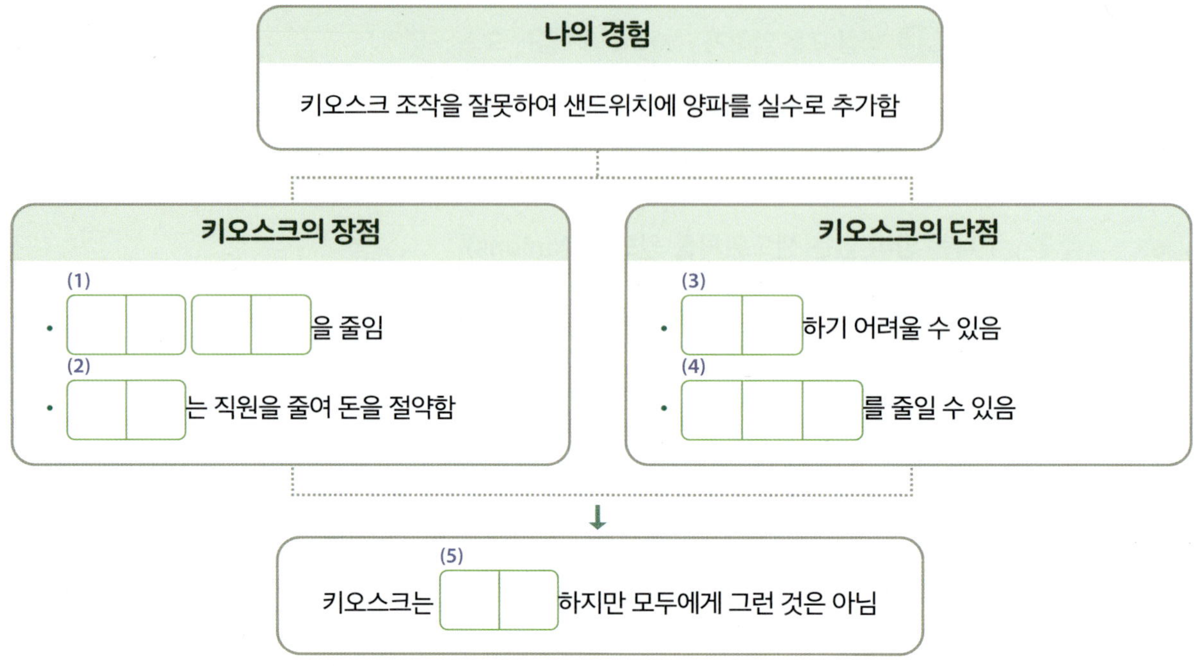

B 빈칸에 알맞은 단어를 **보기**에서 찾아 쓰세요.

┤ 보기 ├

money   use   mistake   reduce

Yesterday, I made a **1** __________ when ordering with a kiosk. Kiosks can **2** __________ waiting times and help stores save **3** __________ . However, kiosks can be hard to **4** __________ and can also reduce jobs for people.

 키오스크를 더 편리하게 만들기 위해 추가하고 싶은 기능을 써 보세요.

Eat It or Not?

Words I

단어의 우리말 의미와 철자를 쓰면서 외워 보세요.

단어	의미 쓰기	따라 말하면서 철자 세 번 쓰기
drop	동 떨어뜨리다	
second	명 초	
still	부 여전히	
test	동 실험하다	
faster	형 더 빠른 부 더 빨리	
germ	명 세균	
instead	부 대신에	
stick	동 붙다	
work	동 통하다	
moist	형 촉촉한	
rule	명 규칙	
true	형 사실인	
try	동 노력하다	
fruit	명 과일	
even	부 ~도	

A 단어와 우리말 의미를 연결하고, 빈칸에 단어를 쓰세요.

1	still	•	•	세균	❯ _____________
2	faster	•	•	촉촉한	❯ _____________
3	stick	•	•	여전히	❯ _____________
4	germ	•	•	붙다	❯ _____________
5	moist	•	•	더 빠른(빨리)	❯ _____________

B 우리말 의미에 맞게 빈칸에 알맞은 단어를 **보기**에서 찾아 쓰세요.

┤ 보기 ├

dropped   work   instead   seconds

1 The recipe doesn't ______________ with cold water.

그 조리법은 찬물에는 통하지 않는다.

2 She danced for ten ______________.

그녀는 10초 동안 춤을 췄다.

3 You can use a pen ______________.

너는 대신에 펜을 사용할 수 있다.

4 He ______________ his phone on the ground.

그는 땅바닥에 전화기를 떨어뜨렸다.

Sentences

A 우리말 의미에 맞게 괄호 안의 말을 이용해 문장을 완성하세요.

> **Up전략** 핵심 구문 익히기 | **try+to부정사** ~하려고 노력하다
>
> '노력하다'라는 의미의 동사 **try**는 <try+to부정사> 형태로 쓰일 때 '~**하려고 노력하다**'라는 의미를 나타낸다.
> 어떤 목표를 달성하기 위해 노력하는 경우에 쓰인다.

1 더 빠르려고 노력해라. (be)

> ___________ ___________ ___________ faster.

2 나는 건강한 음식을 먹으려고 노력한다. (eat)

> I ___________ ___________ ___________ healthy food.

3 우리는 주말마다 우리의 방을 청소하려고 노력한다. (clean)

> We ___________ ___________ ___________ our room on weekends.

B 우리말 의미에 맞게 주어진 말을 바르게 배열하세요.

1 이 규칙은 촉촉한 음식에는 통하지 않는다.

(this rule / with / moist food / doesn't work)

____

2 그래서 바닥에 떨어져 있는 과일을 먹지 마라.

(don't eat / so / off the floor / fruit)

____

3 3초 안에도, 그것은 세균들을 가지고 있을 것이다.

(it / even in three seconds, / germs / will have)

____

빈칸에 알맞은 말을 넣어 표를 완성하세요.

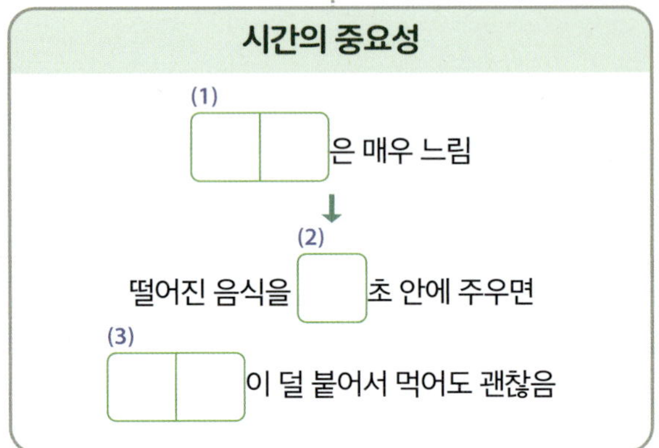

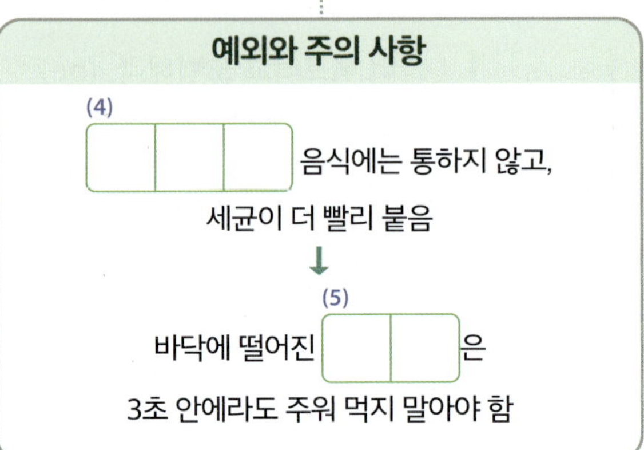

빈칸에 알맞은 단어를 보기에서 찾아 쓰세요.

보기
fewer   tested   faster   germs

NASA **1** __________ the five-second rule and found that picking up food in three seconds has **2** __________ germs, so it's okay. However, you should not eat moist food because **3** __________ stick to it **4** __________ .

음식이 바닥에 떨어지면, 어떻게 할지 써 보세요.

UNIT 8 Denmark's Naming Rules

Words I 단어의 우리말 의미와 철자를 쓰면서 외워 보세요.

단어	의미 쓰기	따라 말하면서 철자 세 번 쓰기
parent	명 부모	
pick	동 고르다	
Denmark	명 덴마크	
list	명 목록	
spell	동 철자를 쓰다	
protect	동 보호하다	
strange	형 이상한	
unusual	형 특이한	
Danish	형 덴마크의	
safe	형 안전한	
naming	명 이름 짓기	
easy	형 쉬운	
must	조 ~해야 한다	
get	동 받다, 되다	
might	조 ~일지도 모른다	

Words II

A 단어와 우리말 의미를 연결하고, 빈칸에 단어를 쓰세요.

1 pick · · 부모 ▸ ___________

2 spell · · 고르다 ▸ ___________

3 parent · · 특이한 ▸ ___________

4 Danish · · 덴마크의 ▸ ___________

5 unusual · · 철자를 쓰다 ▸ ___________

B 우리말 의미에 맞게 빈칸에 알맞은 단어를 **보기**에서 찾아 쓰세요.

보기
list　　protect　　safe　　strange

1 She feels ___________ with her friends.
그녀는 친구들과 함께 있으면 안전하게 느낀다.

2 I saw a ___________ thing there.
나는 거기서 이상한 것을 보았다.

3 We made a ___________ of things to buy.
우리는 살 것들의 목록을 만들었다.

4 Sunglasses ___________ your eyes from the sun.
선글라스는 태양으로부터 너의 눈을 보호한다.

A 우리말 의미에 맞게 괄호 안의 말을 이용해 문장을 완성하세요.

> **Up전략** 핵심 구문 익히기 | **must+동사원형** ~해야 한다
>
> must는 '**~해야 한다**'라는 강한 의무의 의미를 나타낸다.
> 조동사는 주어의 인칭과 수에 관계없이 형태가 동일하고, 뒤에 항상 **동사원형**이 쓰인다.

1 남자아이들은 남자아이의 이름들을 받아야 한다. (get)

❯ Boys ＿＿＿＿＿ ＿＿＿＿＿ boy names.

2 우리는 매일 밤 이를 닦아야 한다. (brush)

❯ We ＿＿＿＿＿ ＿＿＿＿＿ our teeth every night.

3 그녀는 매일 피아노를 연습해야 한다. (practice)

❯ She ＿＿＿＿＿ ＿＿＿＿＿ the piano every day.

B 우리말 의미에 맞게 주어진 말을 바르게 배열하세요.

1 그들은 7,000개의 이름이 있는 목록에서 선택한다.

(from a list / they / of 7,000 names / choose)

＿＿＿＿＿＿＿＿＿＿＿＿＿＿＿＿＿＿＿＿＿＿＿＿＿

2 이 규칙들은 아이들을 이상한 이름으로부터 보호한다.

(kids / these rules / from strange names / protect)

＿＿＿＿＿＿＿＿＿＿＿＿＿＿＿＿＿＿＿＿＿＿＿＿＿

3 덴마크 아이들은 자신들의 이름에 대해 안전하게 느낀다.

(with / Danish kids / their names / feel safe)

＿＿＿＿＿＿＿＿＿＿＿＿＿＿＿＿＿＿＿＿＿＿＿＿＿

A 빈칸에 알맞은 말을 넣어 표를 완성하세요.

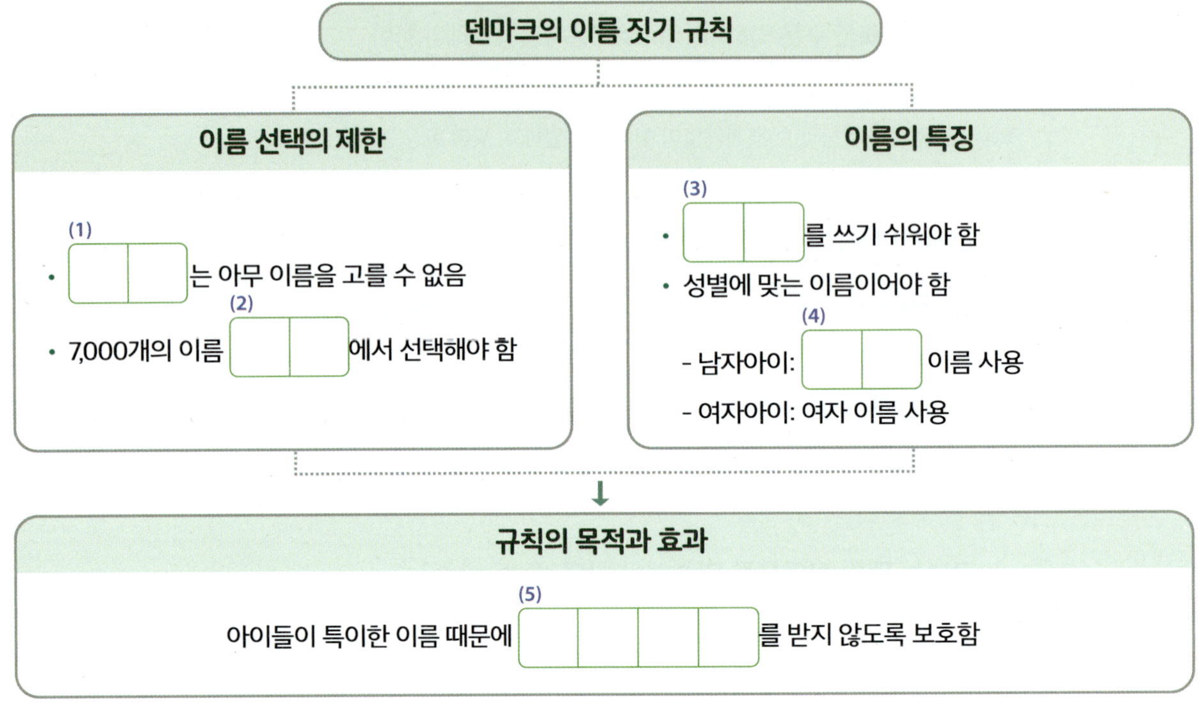

B 빈칸에 알맞은 단어를 **보기**에서 찾아 쓰세요.

보기
unusual   choose   Denmark   easy

In **1** __________, parents **2** __________ names from a list of 7,000 names. Names should be **3** __________ to spell and right for boys or girls. These rules protect kids from **4** __________ names.

 덴마크의 이름 짓기 규칙에 관한 자신의 생각을 써 보세요.

The Spider's Christmas Gift

Words I
단어의 우리말 의미와 철자를 쓰면서 외워 보세요.

단어	의미 쓰기	따라 말하면서 철자 세 번 쓰기
poor	형 가난한	
Ukraine	명 우크라이나	
decorate	동 장식하다	
shiny	형 빛나는	
web	명 거미줄	
amazed	형 깜짝 놀란	
silver	명 은	
beautiful	형 아름다운	
Ukrainian	형 우크라이나의	
decoration	명 장식품	
Christmas Eve	크리스마스이브	
gold	명 금	
so	부 정말	
bring	동 가져다주다	
luck	명 행운	

Words II

A 단어와 우리말 의미를 연결하고, 빈칸에 단어를 쓰세요.

1	web	•	•	은	➤ ____________
2	silver	•	•	거미줄	➤ ____________
3	Ukraine	•	•	장식품	➤ ____________
4	beautiful	•	•	아름다운	➤ ____________
5	decoration	•	•	우크라이나	➤ ____________

B 우리말 의미에 맞게 빈칸에 알맞은 단어를 **보기**에서 찾아 쓰세요.

| 보기 |

amazed   decorate   poor   shiny

1 She has ____________ brown hair.

그녀는 빛나는 갈색 머리를 가졌다.

2 He always helped ____________ people.

그는 항상 가난한 사람들을 도왔다.

3 I was ____________ by the magic trick.

나는 그 마술 묘기에 깜짝 놀랐다.

4 We will ____________ the table with flowers.

우리는 테이블을 꽃들로 장식할 것이다.

A 우리말 의미에 맞게 괄호 안의 말을 이용해 문장을 완성하세요.

> **Up전략** 핵심 구문 익히기 | look+형용사 ~하게 보이다
>
> '보이다'라는 의미의 동사 **look**은 <look+**형용사**> 형태로 쓰일 때 '**~하게 보이다**', '**~해 보이다**'라는 의미를 나타낸다.
> look 뒤에 부사가 아닌 형용사가 쓰이고, 이때 형용사는 '~한'이 아니라 '~하게'로 해석해야 한다.

1 그 나무는 아름답게 보였다. (beautiful)

> ❯ The tree ________________ ________________.

2 너는 오늘 피곤해 보인다. (tired)

> ❯ You ________________ ________________ today.

3 그 케이크는 맛있게 보였다. (delicious)

> ❯ The cake ________________ ________________.

B 우리말 의미에 맞게 주어진 말을 바르게 배열하세요.

1 그들은 그들의 크리스마스트리를 장식하는 것을 원했다.

(their Christmas tree / they / to decorate / wanted)

____

2 거미들은 나무 위에 빛나는 거미줄들을 만들었다.

(made / on the tree / the spiders / shiny webs)

____

3 거미줄들은 금과 은으로 변했다.

(gold / turned into / and silver / the webs)

____

A

빈칸에 알맞은 말을 넣어 표를 완성하세요.

배경

(1) □□□□ 에 가난한 한 가족이 있었음

(2) □□□□□□ 를 장식하고 싶었으나 돈이 없었음

↓

거미의 선물

크리스마스이브 밤, 거미들이 집에 들어와 빛나는 (3) □□ 로 트리를 장식함

↓

아침이 되자 거미줄이 (4) □ 과 은으로 변해 아름다워진 트리를 보고 가족이 놀람

↓

우크라이나의 전통

우크라이나 사람들은 트리에 거미 (5) □□□ 을 달고, 행운을 가져다준다고 믿음

B

빈칸에 알맞은 단어를 **보기**에서 찾아 쓰세요.

보기
gold Christmas decorations family

In Ukraine, a poor **1** __________ couldn't decorate their **2** __________ tree, so spiders made webs. The webs became **3** __________ and silver. Now, people put spider **4** __________ on their trees for good luck.

특별한 날에 하는 우리 가족의 전통이나 활동을 써 보세요.

Two Countries, One Town

Words I

단어의 우리말 의미와 철자를 쓰면서 외워 보세요.

단어	의미 쓰기	따라 말하면서 철자 세 번 쓰기		
both	형 둘 다			
border	명 국경			
cross	명 십자 기호			
ground	명 땅바닥			
cut through	가로지르다			
country	명 나라			
Belgian	형 벨기에의			
Dutch	형 네덜란드의			
share	동 공유하다			
peacefully	부 평화롭게			
Belgium	명 벨기에			
the Netherlands	네덜란드			
run through	~ 사이로 이어지다			
which	형 어느			
front door	현관문			

A 단어와 우리말 의미를 연결하고, 빈칸에 단어를 쓰세요.

1	both	•	•	네덜란드의	⟩ _______________
2	Dutch	•	•	국경	⟩ _______________
3	cross	•	•	둘 다	⟩ _______________
4	share	•	•	공유하다	⟩ _______________
5	border	•	•	십자 기호	⟩ _______________

B 우리말 의미에 맞게 빈칸에 알맞은 단어를 **보기**에서 찾아 쓰세요.

┤ 보기 ├

| country | cuts through | ground | peacefully |

1 He found a coin on the ___________.

그는 땅바닥에서 동전을 찾았다.

2 The street _______________ the town.

그 거리는 도시를 가로지른다.

3 We moved to a new ___________.

우리는 새로운 나라로 이사 갔다.

4 The baby is sleeping ___________.

그 아기는 평화롭게 자고 있다.

Sentences

A 우리말 의미에 맞게 괄호 안의 말을 이용해 문장을 완성하세요.

> **Up전략** **핵심 구문 익히기** | **which+명사** 어느 ~
>
> 의문형용사 which는 '**어느 ~**'라는 의미로, 한쪽의 선택을 묻는 선택 의문문에 쓰인다.
> **<which+명사>** 형태로 쓰이며, 이때 which는 바로 뒤에 오는 명사를 꾸며주는 역할을 한다. 두 개 이상의 선택지를 제시할 때는 or이 함께 쓰인다.

1 이 집들은 어느 나라에 있는가? (country)

> ❯ ______________ ______________ are these houses in?

2 어느 책이 너의 것인가? (book)

> ❯ ______________ ______________ is yours?

3 어느 동물이 더 빠른가, 토끼인가 거북이인가? (animal)

> ❯ ______________ ______________ is faster, a rabbit or a turtle?

B 우리말 의미에 맞게 주어진 말을 바르게 배열하세요.

1 너는 땅바닥 위에 있는 십자 기호들을 볼 수 있다.

(crosses / can see / on the ground / you)

____

2 그 국경은 거리들과 건물들 사이로 이어진다.

(streets / runs through / and buildings / the border)

____

3 벨기에의 집은 현관문이 벨기에에 있다.

(its front door / has / in Belgium / a Belgian house)

____

A 빈칸에 알맞은 말을 넣어 표를 완성하세요.

도시 바를러

• **위치**: 벨기에와 네덜란드 두 나라에 걸쳐 있음

국경의 표시

• 땅바닥에 [(1)] 기호로 표시됨
  - 'B'가 있는 쪽: 벨기에
  - 'NL'이 있는 쪽: 네덜란드

국경의 위치

• 거리와 [(2)] 사이로 이어짐
• [(3)] 을 가로지름

집의 소속 국가

• 집의 [(4)] 위치에 따라 결정됨
  - 벨기에 집: 현관문이 벨기에 쪽
  - 네덜란드 집: 현관문이 [(5)] 쪽

B 빈칸에 알맞은 단어를 **보기**에서 찾아 쓰세요.

보기
runs　　country　　both　　streets

Baarle is a special town in **1** __________ Belgium and the Netherlands.
The border **2** __________ through **3** __________, buildings, and even
houses. The **4** __________ of a house depends on the location of the
front door.

바를러에 산다면 재미있거나 불편할 것 같은 점을 써 보세요.

A Prisoner's Invention

Words I

단어의 우리말 의미와 철자를 쓰면서 외워 보세요.

단어	의미 쓰기	따라 말하면서 철자 세 번 쓰기
rag	몡 헝겊	
British	휑 영국의	
prison	몡 감옥	
bone	몡 뼈	
hole	몡 구멍	
guard	몡 교도관	
bristle	몡 짧고 뻣뻣한 털	
invent	동 발명하다	
toothbrush	몡 칫솔	
invention	몡 발명품	
prisoner	몡 죄수	
hopefully	튄 바라건대	
keep	동 남겨 두다	
ask for	부탁하다	
world	몡 세상	

A 단어와 우리말 의미를 연결하고, 빈칸에 단어를 쓰세요.

1	rag		발명품	
2	guard		칫솔	
3	British		헝겊	
4	invention		영국의	
5	toothbrush		교도관	

B 우리말 의미에 맞게 빈칸에 알맞은 단어를 **보기**에서 찾아 쓰세요.

보기

| bone | holes | invented | prison |

1 They put him in ____________.

그들은 그를 감옥에 가두었다.

2 She had ____________ in her socks.

그녀의 양말에 구멍들이 있었다.

3 I threw a ____________ to the dog.

나는 그 개에게 뼈를 던져 주었다.

4 King Sejong ____________ Hangul in 1443.

세종대왕은 1443년에 한글을 발명했다.

Sentences

A 우리말 의미에 맞게 괄호 안의 말을 이용해 문장을 완성하세요.

> **Up전략** 핵심 구문 익히기 | ask+사람+for+요청하는 것 ~에게 …을 부탁하다
>
> '부탁하다'라는 의미의 동사 ask는 <ask+사람(목적어)+for+요청하는 것> 형태로 쓰일 때 '~에게 …을 부탁하다'라는 의미를 나타낸다. 도움이나 물건 등을 (달라고) 요청하는 경우에 쓰인다.

1 그는 교도관에게 짧고 뻣뻣한 털 몇 가닥을 부탁했다. (a guard, some bristles)

> He ＿＿＿＿ ＿＿＿＿ ＿＿＿＿ ＿＿＿＿ ＿＿＿＿ ＿＿＿＿ .

2 톰은 형에게 책을 부탁했다. (his brother, a book)

> Tom ＿＿＿＿ ＿＿＿＿ ＿＿＿＿ ＿＿＿＿ ＿＿＿＿ .

3 그녀는 엄마에게 샌드위치를 부탁했다. (her mom, a sandwich)

> She ＿＿＿＿ ＿＿＿＿ ＿＿＿＿ ＿＿＿＿ ＿＿＿＿ .

B 우리말 의미에 맞게 주어진 말을 바르게 배열하세요.

1 너는 이를 닦기 위해 헝겊을 사용하겠는가?

(your teeth / would you use / to clean / a rag)

＿＿＿＿＿＿＿＿＿＿＿＿＿＿＿＿＿＿＿＿＿＿＿＿＿＿＿＿＿＿

2 어느 날 밤, 그는 저녁 식사에서 나온 뼈 하나를 남겨 두었다.

(he kept / from dinner / one night, / a bone)

＿＿＿＿＿＿＿＿＿＿＿＿＿＿＿＿＿＿＿＿＿＿＿＿＿＿＿＿＿＿

3 그는 그것 안에 작은 구멍들을 만들었다.

(little holes / made / he / in it)

＿＿＿＿＿＿＿＿＿＿＿＿＿＿＿＿＿＿＿＿＿＿＿＿＿＿＿＿＿＿

A 빈칸에 알맞은 말을 넣어 표를 완성하세요.

과거에 이 닦는 방법

사람들은 (1)[　　] 으로 (2)[　] 를 닦았음

↓

윌리엄 애디스의 문제 인식

1770년, 윌리엄 애디스는 영국 (3)[　　] 에 있었음

이를 깨끗이 닦고 싶었으나, 헝겊은 사용하고 싶지 않았음

↓

칫솔의 발명

뼈에 (4)[　　] 을 내고, 그 안에 짧고 뻣뻣한 털을 끼우고, 최초의 (5)[　　] 을 발명함

B 빈칸에 알맞은 단어를 **보기**에서 찾아 쓰세요.

보기

invent　　　clean　　　bristles　　　rag

In 1770, William Addis wanted **1** __________ teeth while in prison.

But he didn't want to use a **2** __________, so he used a bone and

3 __________ to **4** __________ the first toothbrush.

일상생활에서 개선하고 싶은 물건이나 발명 아이디어를 써 보세요.

The Myth of Multitasking

단어	의미 쓰기	따라 말하면서 철자 세 번 쓰기
at once	동시에	
task	몡 일	
multiple	혱 다수의	
at the same time	동시에	
listen	동 듣다	
worse	혱 더 나쁜	
take	동 (시간이) 걸리다	
longer	부 더 오래	
brain	몡 뇌	
thank	동 고마워하다	
myth	몡 근거 없는 믿음	
thing	몡 일	
draw	동 그리다	
picture	몡 그림	
sound	동 ~하게 들리다	

Ⓐ 단어와 우리말 의미를 연결하고, 빈칸에 단어를 쓰세요.

1	brain	뇌	_____________
2	thank	동시에	_____________
3	worse	더 나쁜	_____________
4	at once	고마워하다	_____________
5	listen	듣다	_____________

Ⓑ 우리말 의미에 맞게 빈칸에 알맞은 단어를 **보기**에서 찾아 쓰세요.

> **보기**
>
> at the same time　　take　　multiple　　task

1 They finished the first ______________ well.

그들은 첫 번째 일을 잘 끝냈다.

2 I ______________ five minutes to brush my teeth.

나는 양치하는 데 5분이 걸린다.

3 We can walk and talk ______________________.

우리는 걸으면서 동시에 말할 수 있다.

4 She did ______________ things at once.

그녀는 동시에 다수의 일들을 했다.

A 우리말 의미에 맞게 괄호 안의 말을 이용해 문장을 완성하세요.

> **Up전략** 핵심 구문 익히기 | **make+사람/사물+동사원형** ~가 …하게 만들다
>
> '만들다'라는 의미의 동사 make는 <make+사람/사물(목적어)+동사원형> 형태로 쓰일 때 '**~가 …하게 만들다**'라는 의미를 나타낸다. 특정한 행동을 유발하거나 강요하여, 대상에게 영향력을 행사하는 경우에 쓰인다.

1 그것은 일이 더 오래 걸리게 만든다. (work, take)

> It __________ __________ __________ longer.

2 이 노래는 내가 춤추게 만든다. (me, dance)

> This song __________ __________ __________.

3 그 재미있는 비디오는 우리가 웃게 만든다. (us, laugh)

> The funny video __________ __________ __________.

B 우리말 의미에 맞게 주어진 말을 바르게 배열하세요.

1 너는 얼마나 많은 일들을 동시에 할 수 있는가?

(can you do / things / at once / how many)

____

2 한 가지 일은 너무 어렵지 않다.

(too hard / is / one task / not)

____

3 우리의 뇌는 동시에 많은 일들을 할 수 없다.

(can't do / at once / our brains / many things)

____

A 빈칸에 알맞은 말을 넣어 표를 완성하세요.

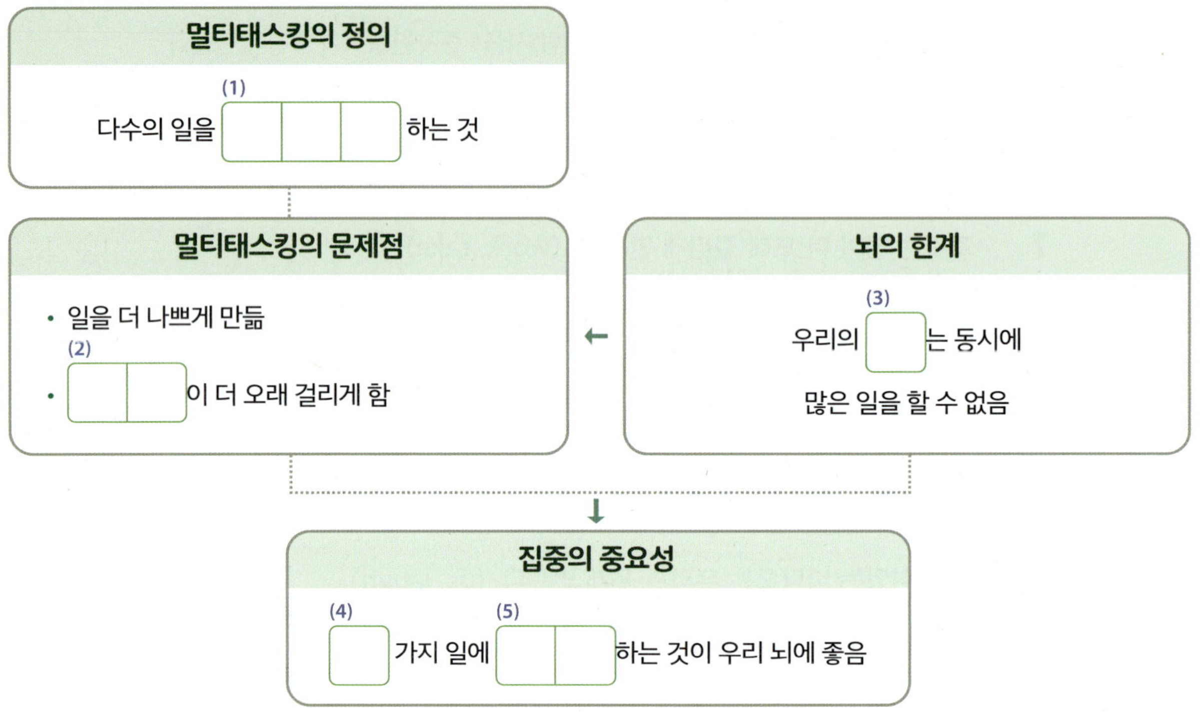

B 빈칸에 알맞은 단어를 **보기**에서 찾아 쓰세요.

보기

focus   once   multiple   take

Multitasking is doing **1** __________ things at **2** __________.

Multitasking makes your work worse and makes it **3** __________

longer. So, **4** __________ on one thing. It's better for your brain.

한 가지 일에 집중하는 것의 장점이 무엇인지 써 보세요.

달콤한 LITERACY

Reading

2 LEVEL

직독직해
Worksheet

Vegan Fashion Saves the Earth

● 각 문장의 주어에는 밑줄을, 동사에는 동그라미를 치세요.
● 끊어 읽기 표시를 참고하여 우리말 의미를 쓰세요.

 Check out / our vegan leather! It is not / from animals.

____

 It helps / animals / and / the Earth.

____

 Some vegan leather uses / too much plastic.

____

 That can be / a problem.

____

 Plastic can hurt / our planet.

____

6 We made / leather / from plants.

---

7 Mushrooms make / great shoes.

---

8 And / cactuses turn into / belts!

---

9 This vegan leather doesn't have / plastic.

---

10 They are / stylish / and / eco-friendly!

Head on a Plate

- 각 문장의 주어에는 밑줄을, 동사에는 동그라미를 치세요.
- 끊어 읽기 표시를 참고하여 우리말 의미를 쓰세요.

1 Here's / my magic trick.

____

2 It's / a man's head / on a plate.

____

3 But / look / closely! This table is / special.

____

4 It has / mirrors / on the sides.

____

5 They reflect / the area / around them.

____

6 So / you can't see / under the table.

____

7 The man is just sitting / under the table.

____

8 And / he puts / his head / through a hole.

____

9 He is / totally fine.

____

10 Try / this fun trick / and / surprise / your friends!

____

UNIT 3 — Potato Chip Surprise

Up 전략
직독직해하기

● 각 문장의 주어에는 밑줄을, 동사에는 동그라미를 치세요.
● 끊어 읽기 표시를 참고하여 우리말 의미를 쓰세요.

 **1** In New York, / there was / a restaurant.

____

 **2** George Crum was / a skilled cook / there.

____

 **3** One day, / a rude man ordered / fried potatoes.

____

 **4** He complained, / "Too thick! Too soft!"

____

 **5** Crum wanted / to teach / the man / a lesson.

____

6 He sliced / the potatoes / very thinly.

____

7 He made / them / very crispy.

____

8 He put / a lot of salt / on them.

____

9 The man loved / them. He wanted / more!

____

10 So, / Crum made / the first potato chips.

____

UNIT 4 — A Baby Penguin Robot

- 각 문장의 주어에는 밑줄을, 동사에는 동그라미를 치세요.
- 끊어 읽기 표시를 참고하여 우리말 의미를 쓰세요.

 **1** Don't worry, / penguins! The robots are / here / to help!

____

 **2** Scientists use / robots / to study / penguins / in Antarctica.

____

 **3** But / sometimes, / the robots can cause / problems.

____

 **4** Robots don't look / like animals.

____

 **5** So / penguins can feel / stressed / around them.

____

6 Thankfully, / the scientists found / a solution.

____

7 They dressed / a robot / like a baby penguin!

____

8 The penguins aren't / scared / of it / anymore.

____

9 In fact, / some penguins sing / to it!

____

10 Now, / the scientists can study / the penguins / safely.

____

UNIT 5 — The Giant Grandma of Jeju

● 각 문장의 주어에는 밑줄을, 동사에는 동그라미를 치세요.
● 끊어 읽기 표시를 참고하여 우리말 의미를 쓰세요.

1 Once, / a giant grandma, "Seolmundae," lived / in Jeju.

____

2 She was / too big / to wear / clothes.

____

3 The grandma told / the people, / "Make / me / big clothes."

____

4 "Then / I'll build / a bridge / to the mainland."

____

5 The people worked / hard.

____

6 They needed / 100 big rolls / of silk. They only found / 99.

____

7 That wasn't / enough / for her clothes.

____

8 Seolmundae felt / sad / and / upset.

____

9 She didn't build / the bridge.

____

10 And so, / Jeju stayed / an island.

____

Kiosks Everywhere

 **Up 전략**
직독직해하기

● 각 문장의 주어에는 밑줄을, 동사에는 동그라미를 치세요.
● 끊어 읽기 표시를 참고하여 우리말 의미를 쓰세요.

1 Yesterday, / I used / a kiosk / to order / a sandwich.

____

2 I wanted / it / without onions.

____

3 But / I added / extra onions.

____

4 There are / many kiosks / around us.

____

5 They can reduce / waiting times.

____

6 And / stores can save / money / with fewer workers.

____

7 However, / not / everyone likes / kiosks.

____

8 They can be / hard / to use. Just look at / my mistake!

____

9 Also, / they reduce / jobs / for people.

____

10 They are / convenient, / but / not / for everyone.

____

Eat It or Not?

 Up 전략
직독직해하기

- 각 문장의 주어에는 밑줄을, 동사에는 동그라미를 치세요.
- 끊어 읽기 표시를 참고하여 우리말 의미를 쓰세요.

1 I dropped / my cookie!

2 Is the five-second rule / true? Can I still eat / it?

3 Yes, / you can! NASA tested / this.

4 But / try / to be / faster. Germs are / very slow.

5 So / pick it up / in three seconds / instead.

6 Then / fewer germs can stick / to it.

---

7 However, / this rule doesn't work / with moist food.

---

8 Germs stick / to moist food / faster. They love / water.

---

9 So / don't eat / fruit / off the floor.

---

10 Even / in three seconds, / it will have / germs.

Denmark's Naming Rules

직독직해하기

- 각 문장의 주어에는 밑줄을, 동사에는 동그라미를 치세요.
- 끊어 읽기 표시를 참고하여 우리말 의미를 쓰세요.

1 What / is your name?

____

2 Did your parents pick / something special / for you?

____

3 In some places, / there are / special naming rules.

____

4 In Denmark, / parents cannot pick / any name.

____

5 They choose / from a list / of 7,000 names.

____

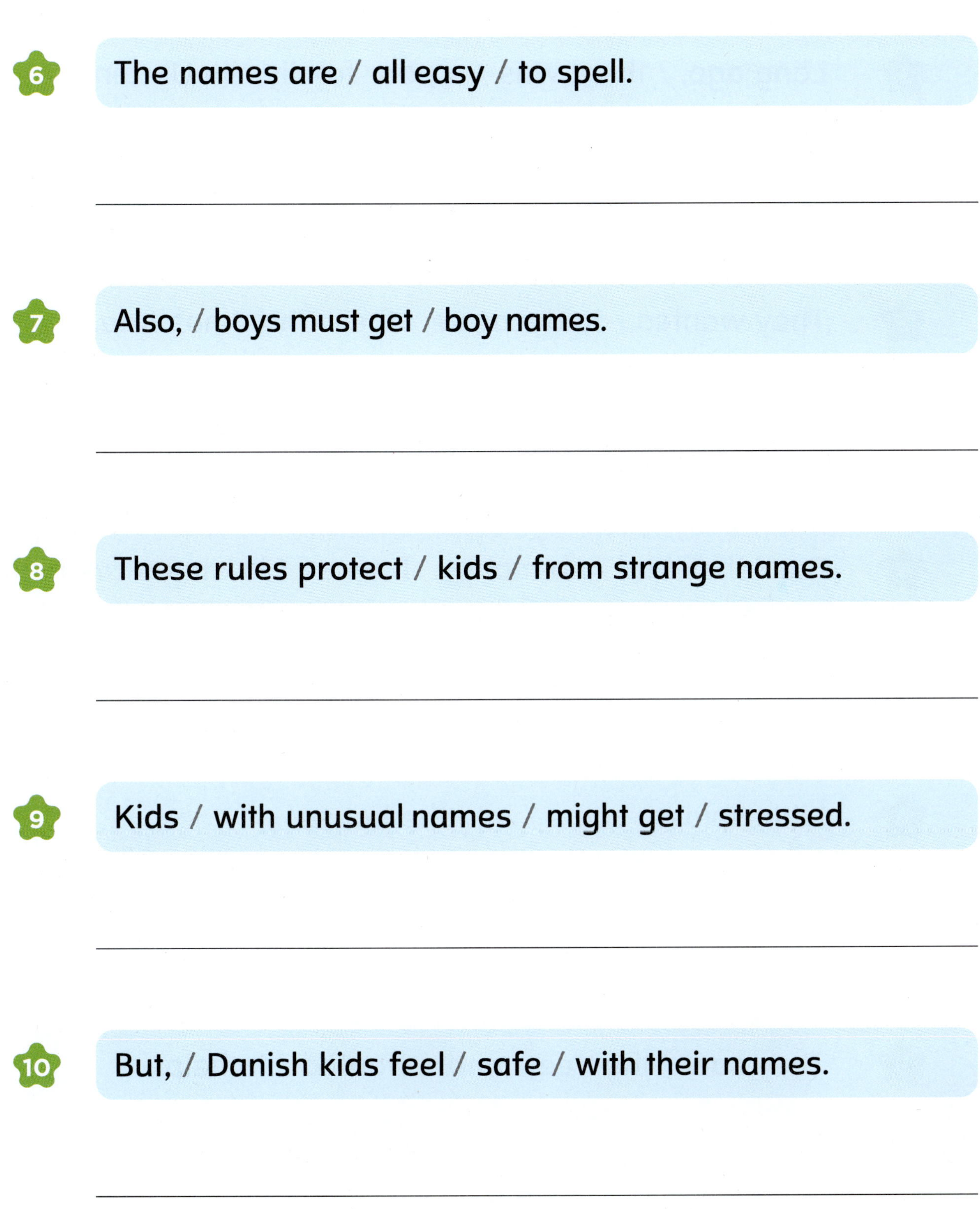

6 The names are / all easy / to spell.

____

7 Also, / boys must get / boy names.

____

8 These rules protect / kids / from strange names.

____

9 Kids / with unusual names / might get / stressed.

____

10 But, / Danish kids feel / safe / with their names.

____

UNIT 9

The Spider's Christmas Gift

- 각 문장의 주어에는 밑줄을, 동사에는 동그라미를 치세요.
- 끊어 읽기 표시를 참고하여 우리말 의미를 쓰세요.

1 Long ago, / there was / a poor family / in Ukraine.

____

2 They wanted / to decorate / their Christmas tree.

____

3 But / they had / no money. It was / Christmas Eve night.

____

4 Little spiders came / into the house.

____

5 They saw / the tree / and / wanted / to help.

____

6 The spiders made / shiny webs / on the tree.

____

7 In the morning, / the family was / amazed.

____

8 The webs turned into / gold / and / silver!

____

9 The tree looked / so beautiful.

____

10 Ukrainian people put / spider decorations / on trees.

____

UNIT 10

Two Countries, One Town

- 각 문장의 주어에는 밑줄을, 동사에는 동그라미를 치세요.
- 끊어 읽기 표시를 참고하여 우리말 의미를 쓰세요.

 **1** It is / in both / Belgium / and / the Netherlands.

____

 **2** You can see / crosses / on the ground.

____

 **3** The side with "B" is / Belgium. "NL" is / the Netherlands.

____

 **4** The border runs / through streets / and / buildings.

____

 **5** It even cuts through / houses.

____

6 Which country / are these houses / in?

____

7 Look at / the front door.

____

8 A Belgian house has / its front door / in Belgium.

____

9 A Dutch house has / it / in the Netherlands.

____

10 Two countries share / this town / peacefully.

____

UNIT 11

A Prisoner's Invention

● 각 문장의 주어에는 밑줄을, 동사에는 동그라미를 치세요.
● 끊어 읽기 표시를 참고하여 우리말 의미를 쓰세요.

1 Would you use / a rag / to clean / your teeth?

____

2 Hopefully not! But / long ago, / people did.

____

3 Then / William Addis had / a better idea.

____

4 In 1770, / Addis was / in a British prison.

____

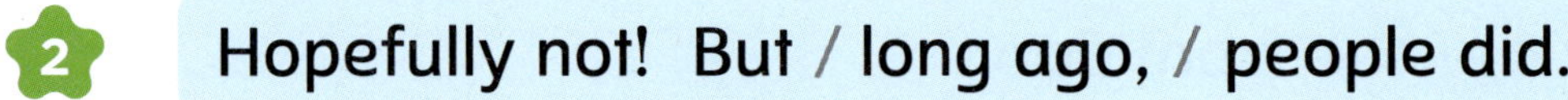

5 He wanted / clean teeth. But / he didn't want / to use / a rag.

____

6 One night, / he kept / a bone / from dinner.

____

7 He made / little holes / in it.

____

8 Then / he asked / a guard / for some bristles.

____

9 He invented / the first toothbrush!

____

10 Addis's small invention changed / the world!

____

The Myth of Multitasking

- 각 문장의 주어에는 밑줄을, 동사에는 동그라미를 치세요.
- 끊어 읽기 표시를 참고하여 우리말 의미를 쓰세요.

 **1** How many things / can you do / at once?

____

 **2** One task is not / too hard. But / two tasks? Three?

____

 **3** Do / homework / and / listen / to music.

____

 **4** Watch / TV / and / draw / a picture.

____

 **5** But / there's / a problem. Multitasking is / hard!

____

6 Multitasking makes / your work / worse.

____

7 It also makes / work / take / longer.

____

8 Our brains can't do / many things / at once.

____

9 Focus / on just one thing.

____

10 Your brain will thank / you.

____

문법

초등 Grammar Inside

많은 양의 문제를 통해
초등 영문법 기초 다지기

1 | 2 | 3 | 4 | 5 | 6

Grammar Inside

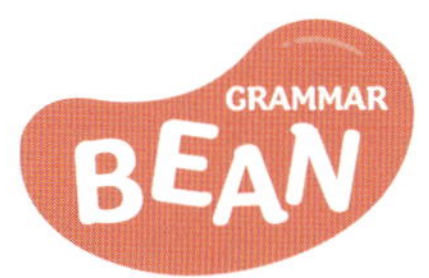

GRAMMAR BEAN

문법을 처음 시작하는
초급 학습자를 위한 문법서

1 | 2 | 3 | 4

GRAMMAR BUDDY

초등학생을 위한 문법 입문서

1 | 2 | 3

Reading Buddy | Listening Buddy

듣기

능률 초등영어 듣기모의고사 10회

초등부터 중등까지!
영어 듣기평가 실전 대비서

4-1 | 4-2 | 5-1 | 5-2 | 6-1 | 6-2

초등영어 LISTENING TUTOR

주제별 표현 학습을 바탕으로
듣기 기초를 다지는 초등 리스닝 기본서

Beginner 1 | Beginner 2 | Beginner 3 |
Intermediate 1 | Intermediate 2 |
Intermediate 3

LISTENING BUDDY

초등학생을 위한 리스닝 입문서

1 | 2 | 3

Reading Buddy | Grammar Buddy

예비중 · 중등

능률 중학영어

문법, 독해, 쓰기, 말하기를
함께 배우는 중학 영어 종합서

예비중 | 중1 | 중2 | 중3

문제로 마스터하는 중학영문법

많은 문제로 확실히 끝내는 중학 영문법

Level 1 | Level 2 | Level 3

문제로 마스터하는 고등 영문법

GRAMMAR Inside

많은 양의 문제로 체계적으로
학습하는 중학 영문법

Starter | Level 1 | Level 2 | Level 3

JUNIOR READING EXPERT

앞서가는 중학생들을 위한 원서형 독해 교재

Level 1 | Level 2 | Level 3 | Level 4

능률 중학영어 듣기 모의고사 22회

전국 16개 시·도 교육청 주관
영어듣기평가 실전대비서

Level 1 | Level 2 | Level 3

NE능률 영어교육연구소

NE능률 영어교육연구소는 전문성과 탁월성을 기반으로
영어 교육 트렌드를 선도합니다.

이 보 영 선임연구원   김 현 숙 선임연구원
손 아 영 연구원   이 지 연 연구원

달콤한 Reading
LITERACY 2 LEVEL

펴 낸 날   2025년 1월 5일 (초판 1쇄)
펴 낸 이   주민홍
펴 낸 곳   (주)NE능률

지 은 이   NE능률 영어교육연구소
개 발 책 임 김지현
개   발   이보영, 김현숙, 손아영, 이지연
영 문 교 열 Curtis Thompson, Alison Li, Courtenay Parker
디자인책임   오영숙
디 자 인   안훈정, 조가영
제 작 책 임 한성일

등 록 번 호 제1-68호
I S B N   979-11-253-4828-3

＊이 책의 저작권은 (주)NE능률에 있습니다.
＊본 교재의 독창적인 내용에 대한 일체의 무단 전재 모방은 법률로 금지되어 있습니다.

대 표 전 화 02 2014 7114
홈 페 이 지 www.neungyule.com
주   소   서울시 마포구 월드컵북로 396(상암동) 누리꿈스퀘어 비즈니스타워 10층